青春励志文学馆·少年成长智慧故事

努力到无能为力，拼搏到感动自己

文祺 段红霞 ◎ 编著

长 春

成长寄语

小海龟刚出生时,离大海还很远,它们必须自己爬进大海。晚上它们借着海面的反光分辨海的方向,白天因为不好分辨方向就会有一些小海龟迷路,同时路上还有海鸟、野兽随时让它们送掉自己的小命。但是,只要小海龟孵化出来,就没有一只是在出生地等死的,它们都竭尽全力、排除各种险阻爬向大海。尽管它们有很大的伤亡,尽管它们存活的概率只有百分之几,但它们并不放弃。因为,它们知道,只有经过奋斗才有可能成功,不去争取,就只有死路一条。

自然的法则也适合于我们人类。当面对绝境的时候,也是人的潜能被最大限度地激发出来的时候。在这个时候,我们不应遇难而退,而应该知难而上。带着破釜沉舟的气概去努力,就会有一个好前程。

我们都知道,古时候项羽在巨鹿之战中,破釜沉舟大破敌军的故事。他们当时只带了三天的粮食,但正因为"将军有准备死的决心,士卒没有准备活着的勇气",所以将士们拼死奋战,才大破敌军。同样道理,楚汉之争,韩信也是背水一战,大获全胜。当前有江水,后有追兵,上天无路,入地无门时,他们唯一的生路就是与敌人奋战,杀出一条血路。

这些都是《孙子兵法》中"置之死地而后生"的实例。人性就是如此,潜能往往都是在绝境中被最大限度地激发出来的,而巨大的危机和事变,往往是产生出许多伟人的火药。处在绝望境地的奋斗,最能启发人潜伏着的内在力量,没有这种奋斗,便永不会发现真正的力量和强项。当巨大的压力、非常的变故和重大责任落在一个人身上时,隐伏在他生命最深处的种种能力,才会突然涌现出来,往往能做出大事来。

世上没有过不去的火焰山,人生没有过不去的坎坷和困难。只要你自信地努力拼搏,一切问题都不是问题。努力到无能为力,拼搏到感动自己,终将成就美好未来!

目录 Contents

第一章 满怀必胜的信念，再艰难的路也能走过

两点之间的距离，有时是曲线最短 …………………………………… 002
轻轻松松地走路，才不会被未来吓倒 …………………………………… 004
对于勤奋的人来说，遍地都是黄金 …………………………………… 006
只有付出劳动，才能得到自己想要的东西 …………………………… 008
一个人要想成功，就要培养积极的人生观 …………………………… 010
没有危机和竞争，就会失去斗志和生存的力量 ……………………… 013
天生我材必有用，别做削足适履的傻事 ……………………………… 015
将对手变成朋友，才是最完美的战胜 ………………………………… 017
获胜不光要靠技术，更要靠智慧 ……………………………………… 019

第二章 当觉得走到绝境时，离成功也许仅一步之遥了

跌倒了就再站起来，最终一定可以站稳脚跟 ………………………… 022
所谓成功者，就是能够坚持到底的人 ………………………………… 024
善于思考和行动的人，会获得意外的收获 …………………………… 027
虽说人心最难捉摸，但攻心最易成功 ………………………………… 029
第一个"敢于吃螃蟹"的人，会赢得先机 …………………………… 031
有阻力和竞争，才会有进步和发展 …………………………………… 033
做事情，不但要有胆还要有识 ………………………………………… 035
不管事情多么糟糕，总会有一个解决的办法 ………………………… 037
在坎坷的路上行走，才能磨炼一个人的心志 ………………………… 039

努力到无能为力，拼搏到感动自己

第三章 挫折是成功的入场券，请不要让它作废

坚守住你的梦想，多艰难也不要放手 ———— 042
你自己的行动，决定着你的未来 ———— 044
当你陷入窘境时，坚持是突破窘境的利器 ———— 045
成功没有秘诀，只不过是一条道走到底 ———— 048
在逆境中生存下去，风雨之后必见彩虹 ———— 050
很多事都是有可能的，没必要自暴自弃 ———— 054
只有投入成功的资本，才能产出相应的成功 ———— 057
别向苦难妥协，因为梦想常与苦难同行 ———— 060
真金不怕火炼，时间会证明一切 ———— 062

第四章 这世上最靠得住的东西，是智慧和本领

拥有理论并不重要，重要的是实际运用 ———— 066
每个人的智商都不同，但世界上没有笨蛋 ———— 068
要学习书本知识，也要学习一些生活常识 ———— 070
别被知识禁锢了头脑，有时尽信书不如无书 ———— 072
如果有什么事情值得去做，就得把它做好 ———— 074
要虚心地听取别人的意见，不要总自以为是 ———— 076
要想巩固偶尔的成功，必须要不间断地苦练本领 ———— 078
无论从事哪个行当，有了智慧就有了财富 ———— 080
不要胡乱地学习本领，应该有选择地学 ———— 082

努力到无能为力，拼搏到感动自己

第五章　许多看似复杂的事情，其实非常简单

有问题是因为活着，活着就会有问题 …… 086
减轻负担的最好方法，就是忘记负担的存在 …… 088
有些东西虽然小，但可以起大作用 …… 090
不愿接受别人忠告的人，迟早是要吃苦头的 …… 092
无论做什么工作，我们都要严于律己 …… 094
不守规矩的人，一定会在规矩上栽跟头 …… 097
相信自己是天才，你才会成为天才 …… 099
无论自己多么出色，都别太把自己当回事 …… 101

第六章　跨越阻挡你成功的障碍后，你会发现成功并不难

时时处处统筹兼顾，充分地利用一切资源 …… 104
表里不一时，不要被外表所蒙骗 …… 106
激励讲究方法，才能发挥最大作用 …… 108
安逸是成功的弃儿，冒险是成功的宠儿 …… 110
纵容自己的错误，结果就是作茧自缚 …… 113
授人以渔，不如授人以欲 …… 115
出色表现的背后，往往是不为人知的辛劳 …… 117
做事要全身心投入，表现出你的专注和热忱 …… 119

第一章

满怀必胜的信念,
再艰难的路也能走过

人生是一条漫长的路,无论这条路上充满多少艰辛,我们都要坚持着走下去,只要我们满怀必胜的信念,再艰难的路也一定能走过去。

两点之间的距离,有时是曲线最短

懂得兜圈子、绕道而行的人,往往是第一个登上山顶的人。

——拿破仑

德国有个叫亨利·谢里曼的商人,他幼年时期深深地迷恋上了《荷马史诗》,他暗下决心,一旦有了足够的收入,就投身考古研究。

谢里曼很清楚,进行考古挖掘和研究是需要很多钱的,而自己家境十分贫寒,在现实与理想之间,没有直线可走,他决定走曲线。

于是,从12岁起,谢里曼就自己挣钱谋生,他先后做过学徒、售货员、见习水手、银行信差,后来他在俄罗斯开了一家商务办事处。

谢里曼从未忘记过自己的理想。他利用业余时间,自修了古代希腊语,他还通过参与各国之间的商务活动,学会了多门外语,这些都为他日后的考古研究打下了基础。

多年以后,谢里曼终于在石油贸易中积攒了一大笔钱。当人们以为他会继续大干一场时,他却放弃了有利可图的活动,把自己全部的时间和钱财都花在了追求儿时的理想上。

谢里曼坚信,通过挖掘,他一定能够找到《伊利亚特》

和《奥德赛》中所描述的城市、古战场遗址和那些英雄的坟墓。

1870年，他开始在特洛伊挖掘。不出几年，他就挖掘出了9座城市，并最终挖到了两座爱琴海古城：迈锡尼和梯林斯。这样，歇业商人谢里曼就成了发现高度发展的爱琴海文明的第一人，他的发现在世界文明史中具有重要意义。

此时，人们才真正明白了为什么痴迷考古的谢里曼要花费那么长时间去赚钱，因为像许多事业一样，考古研究特别是挖掘需要投入大量的资金，也需要衣食无忧的心态。

成长智慧

俗话说："条条道路通罗马。"当遇到某些问题我们无法直接解决时，我们就要及时调整心态，尝试不同的路径。直线距离虽短，但如果前面是座大山，我们硬要冲过去，肯定会撞得头破血流。所以，有时候我们应该像水一样，学会绕道而行。

轻轻松松地走路，才不会被未来吓倒

深窥自己的心，而后发觉一切的奇迹在你自己。——培根

美国专栏作家威廉·科贝特曾在一篇文章中写道："我们的目光不可能一下子投向数十年之后，我们的手也不可能一下子就触摸到数十年后的那个目标，其间的距离，我们为什么不能用快乐的心态去完成呢？"

年轻时，威廉·科贝特辞掉了报社的工作，他一头扎进了创作中，可他心中的"鸿篇巨制"却一直写不出来，他感到十分痛苦和绝望。

一天，他在街上遇到了一个朋友，他便不由自主地向其倾诉了自己的苦恼。朋友听后，对他说："咱们走路去我家好吗？""走路去你家？至少也得走上几个小时。"朋友见他退缩，便改口说："咱们就到前面走走吧。"

一路上，朋友带他到射击游艺场观看射击，到动物园观看猴子……他们走走停停，不知不觉，就走到了朋友的家。几个小时走下来，他们都没有感到一点累。

在朋友家里，威廉·科贝特听到了让他终生难忘的一席话："今天走的路，你要记在心里，无论你与目标之间有多远，都要学会轻松地走路。只有这样，在走向目标的过程中，才不会感到烦闷,才不会被遥远的未来吓倒。"

就是这番话,改变了威廉·科贝特的创作态度。他不再把创作看作是一件苦差事,而是在轻松的创作过程中,尽情地享受创作的快乐。不知不觉间,他写出了《莫德》《交际》等一系列名篇佳作,成为美国著名的专栏作家。

成 长 智 慧

人人都知道,为实现目标而奋斗的历程是艰难的。悲观的人只会被眼前漫长的路途吓倒,这种人即便能成功,收获的也只是辛酸的回忆;但乐观的人会用欢乐和自信来填充这段路程,轻松实现自己的目标。

对于勤奋的人来说,遍地都是黄金

我们越是忙,越能强烈地感到我们是活着,越能意识到我们生命的存在。——康德

自从传言有人在萨文河畔散步时无意间发现金子后,这里便常有来自四面八方的淘金者。他们都想成为富翁,于是他们寻遍了整个河床,还在河床上挖出很多大坑,希望借助它们能找到金子。的确,有一些人找到了,但另外一些人因为一无所获只好扫兴而归。

也有人不甘心落空,便驻扎在那里,继续寻找。彼得·弗雷特就是其中的一员。他在河床附近买了一块没人要的土地,一个人默默地工作。他为了找金子,已把所有的钱都押在了这块土地上。他埋头苦干了几个月,直到土地全变成坑坑洼洼,他失望了——他翻遍了整块土地,但连一丁点金子都没看见。

六个月以后,他连买面包的钱都快没有了。于是,他准备离开这儿到别处谋生。

就在他即将离开的前一个晚上,下起了倾盆大雨,并且一下就是三天三夜。雨终于停了,彼得走出小木屋,发现眼前的土地看上去好像和以前不一样了:坑坑洼洼已被大水冲刷平整,松软的土地上长出了一层绿茸茸的小草。

"这里没找到金子,"彼得忽有所悟地说,"但这片土地很肥沃,我可以用来种花,并且把花拿到镇上卖给那些富人。他们一定会买些花装扮他们华丽的厅堂,那样我一定能赚许多钱,有朝一日我也会成为富人……"

彼得仿佛看到了将来,他美美地撇了一下嘴说:"对,不走了,我就种花。"

于是,他留了下来。彼得花了不少精力培育花苗,不久田地里长满了美丽娇艳的各色鲜花。

他把鲜花拿到镇上去卖,那些富人一个劲地称赞:"噢,多美的花,我们从没见过这么美丽鲜艳的花!"他们都来买彼得的花。

五年后,彼得终于实现了他的梦想——成了一个有钱人。

他时常骄傲地告诉别人,"别人在这儿找到黄金之后便都离开了,而我的'金子'是在这块土地里,只有诚实的人用勤劳才能去采摘。"

成长智慧

一个勤奋的人会比别人付出的多,那么他自然得到的就多,因为付出和收获是成正比的。对于一个勤奋者来说,遍地都是黄金,因为勤奋是点燃智慧的火把,是打开幸运之门的钥匙;还因为上帝也垂青勤奋的人。

只有付出劳动，才能得到自己想要的东西

不付出劳动，就不会有收获。——伦·赖特

四岁的小克莱门斯上学了。教书的霍尔太太是一位虔诚的基督徒，每次上课之前，她都要领着孩子们进行祈祷。

有一天，霍尔太太给孩子们讲解《圣经》，当讲到"祈祷，就会获得一切"的时候，小克莱门斯忍不住站了起来，他问道："如果我向上帝祈祷呢，他会给我想要的东西吗？""是的，孩子，只要你愿意虔诚地祈祷，你就会得到你想要的东西。"

小克莱门斯特别想得到一块大面包，因为他从来没有吃过那样诱人的面包。而他的同桌，一个金头发的小姑娘每天都会带一块面包来到学校，她常常问小克莱门斯要不要尝一口，小克莱门斯每次都坚定地摇头，但他的心是痛苦的。

放学的时候，小克莱门斯对小姑娘说："明天我也会有一块大面包。"回到家后，小克莱门斯关起门，无比虔诚地进行祈祷，他相信上帝一定会被自己的诚心感动的！然而，第二天起床后，当他把手伸进书包里的时候，除了一些破旧的课本什么也没有。他决定每天晚上坚持祈祷，一定要等到面包出现。

一个月后，金头发的小姑娘笑着问小克莱门斯："你的面包呢？"

小克莱门斯已经无法继续自己的祈祷了。他告诉小姑娘，上帝也许根本就没有看见他在多么虔诚的祈祷，因为，每天肯定有无数的人都在祈祷，而上帝只有一个，他怎么会忙得过来？小姑娘笑着说："原来祈祷的人都是为了一块面包，但一块面包用几个硬币就可以买到了，人们为什么要花费这么多的时间去祈祷，而不是去赚钱买面包呢？"

小克莱门斯决定不再祈祷了。他相信小姑娘说的是对的——只有工作，才能获得自己想要的东西。而祈祷，永远只能让你停留在等待中。小克莱门斯对自己说："我不要再为一件卑微的小东西祈祷了。"他怀着坚定的信心走向了新的道路。

多年以后，小克莱门斯长大成人，当他用笔名马克·吐温发表作品的时候，他已经是一名为了理想勇敢战斗的作家了。

成 长 智 慧

与其花费时间和精力在那些虚无缥缈的东西上，不如通过自己诚实的劳动换取那些自己想要的东西。要知道，只有奋斗和努力才是真实的，只有自己付出汗水得来的东西才是有意义的。

一个人要想成功,就要培养积极的人生观

积极的心态,包含触及内心的每件事情——荣誉、自尊、怜悯、公正、勇气与爱。——福克纳

克里曼特·斯通于1902年5月4日出生于美国芝加哥的一个贫民区。

童年时父亲便离开了人世。由于生活困难,斯通靠卖报赚钱维持生计。

斯通的母亲是位很有修养的美国妇女,她省吃俭用,把积攒的钱投资于底特律的一家小保险公司,后来她干脆成了这家小公司的保险推销员。

年少的斯通深受母亲的影响,在初中升高中的那年夏天,他开始利用假期为保险公司推销保单。当他按照母亲的指点,来到一栋办公楼前时,他不禁犹豫了。进还是不进呢?在大楼前徘徊了一会,他感到有一点害怕,他想打退堂鼓。

这时,他的脑海里出现了当年卖报时的情景,斯通站在那栋楼前,一面发抖,一面默默地对自己说:"当你尝试做一件对自己只有益处,而无任何伤害的事情时,就应该勇敢一些,而且应该立刻行动。"

他毅然地走进了那栋大楼,他想:"如果我被踢出来,我会

像当年卖报纸时那样，再一次壮着胆子进去，决不退缩。"

就这样，他进行了他保险生涯的第一次拜访。

在第一天的推销中，他还发现了一个秘诀，那就是当他从一间办公室出来时，马上就冲进下一间办公室，由于不给自己犹豫的时间，从而有效地克服了自己的畏惧感。

最后，通过他的努力，他争取到两位客户。对斯通而言，这是人生的一座里程碑。

斯通20岁时，他创办了一家保险代理公司，取名为"联合保险代理公司"。公司刚开张时，就他一个工作人员。开张营业的第一天，居然有50多位客户投保。联合保险代理公司的信誉慢慢地受到当地人的认可，有一天，他居然推销出120多份保单，令人难以置信。

斯通36岁时，已成为一名百万富翁。他创办的公司后来成了美国混合保险公司，截至1990年，公司的营业总额达2.13亿美元，公司拥有5000多位保险推销员。

斯通一生都从事推销，他既推销保险，也推销信念和成功的方法。

他与人合作出版了《以积极的精神态度获得成功》一书，发行了约25万册。1962年，他又出版了畅销书《永不失败的成功之道》。后来，他买下了霍斯恩出版公司。

斯通身兼三职，美国混合保险公司的董事长，阿波特公司的董事，霍斯恩出版公司的董事长。

在20世纪六七十年代，斯通就拥有了4亿美元的资产。

对于自己的成功，斯通是这样认为的："遭遇困境时，保持乐观向上的态度，待机东山再起。推销的成功取决于你对工作的态度。"

成长智慧

一个人要想成功，就要建立自身的优势，就要培养积极的人生观，不断鞭策自己、鼓励自己，使自己在多数人因胆怯而裹足不前时，依然能大胆地向前走。

没有危机和竞争，就会失去斗志和生存的力量

中文的"危机"分为两个字，一个意味着危险，另外一个意味着机会。——布瑞杰

1942年的冬天，盟军的两支部队分别从红海东岸和地中海沿岸，向驻扎在北非的一个德国军营挺进，任务是从那里的纳粹集中营里救出被关押的500多名英国军人和北非土著。执行任务的是一支英国军队和一支美国军队。

英国军队穿过一片丛林，渡过尼罗河，一路上没有遭到敌军的埋伏，甚至没有野兽的袭击，行军非常顺利。

而美国军队从红海东岸启程，他们需要穿过一片沙漠，渡过一条没有桥的河流，需要冲破敌人的两道防线，更要命的是当他们在突破第二道防线后准备安营扎寨休整小憩时，希特勒安置在苏丹东部的一个藏兵营向他们扑来。而此时，他们已经疲惫不堪了。

十天后，盟军按计划拿下了阿尔及利亚东部的德军驻扎点，营救成功。谁也想不到，立下这一汗马功劳的不是英军，而是当时已经危在旦夕的美军。当那个藏兵营的德军追上来时，美军早已顺利完成任务，沿着英军的进军路线撤退了。撤退途中他们遇到一个英国士兵，英国士兵告诉他们："我们的部队被一支德国

藏兵营突然冲散了……"

"一支强大的军队这样轻易地被冲散了，为什么？"美军指挥官斯特罗斯问。

英国士兵沉默了，因为他也不知道为什么，真正明白个中缘由时，他已经成了一位老人。战后他一直在一个山林里过着悠闲自在的狩猎生活，和他相伴的是一只勇猛的猎狗。1962年，他结束了打猎生涯，买了一座庄园，养了一群鸡鸭，猎狗也成了庄园的一个主人。两个月后，一向威猛的猎狗不思茶饭，萎靡不振起来，它每天顶多是百无聊赖地到庄园中间的那个小山丘上逛一圈，然后无精打采地回到它的小房子里呼呼大睡，很快它就瘦得像一具标本了。老兵非常着急，但不知怎样才能改变现状。

转眼到了冬天。一天，一只觅食的苍鹰光临了他们的庄园，它低低地在庄园上空盘旋，猎狗看到苍鹰突然双眼发光，蹿起来冲着苍鹰一阵狂叫，它威风极了。那天，狗吃了许多东西。

有所醒悟的老兵从山里捕回一只狼，拴在庄园外的一棵树下。从此情况果然变了，只要看到狼，狗便显得非常精神，并且一天天胖了起来。

成长智慧

没有对手和较量，没有危机和竞争，任何一种事物都会萎靡倦怠，从而走向颓废甚至灭亡。因此，千万不要因贪图享乐而长期地生活在安逸和放松的状态中，否则我们将失去斗志和生存的力量。

天生我材必有用,别做削足适履的傻事

名 人 名 言

一个人的特色就是他存在的价值,不要勉强自己去学别人,而要发挥自己的特长。这样不但自己觉得快乐,对社会人群也更容易有真正的贡献。——罗曼·罗兰

一个男孩出生在布拉格一个贫穷的犹太人家里。他的性格十分内向、懦弱,没有一点男子气概,他非常敏感多愁,总是觉得周围环境对他产生了压迫和威胁。防范和躲灾的想法在他心中可谓根深蒂固,不可救药。

男孩的父亲竭力想把他培养成一个标准的男子汉,希望他具有宁折不屈、刚毅勇敢的特征。

在父亲粗暴、严厉且又很自负的斯巴达克似的培养下,他的性格不但没有变得刚毅勇敢,反而更加懦弱自卑了,并从根本上丧失了自信心,致使生活中的每个细节、每件小事,对他来说都是一个不大不小的灾难。他在困惑痛苦中长大,他每天都在察言观色。他常独自躲在角落里悄悄咀嚼受到伤害的痛苦,小心翼翼地猜度着又会有什么样的伤害落到他的身上。看到他那个样子,父亲觉得他简直就没出息到了极点。

看来,懦弱内向的他确实是一场人生的悲剧,即使想要改变也改变不了。因为他的父亲做过努力,但毫无希望。

然而，令人们始料未及的是，这个男孩后来成了20世纪上半叶世界上伟大的文学家之一，他就是奥地利的卡夫卡。

卡夫卡为什么会成功呢？因为他内向、懦弱、多愁善感的性格，正好适宜从事文学创作。在这个他为自己营造的艺术王国中，在这个精神家园里，他的懦弱、悲观、消极等缺点，反倒使他对世界、生活、人生、命运有了更尖锐、敏感、深刻的认识。他以自己在生活中受到的压抑、苦闷为题材，开创了文学史上一个全新的艺术流派——意识流。他在作品中，把荒诞的世界、扭曲的观念、变形的人格，解剖得淋漓尽致，从而给世界留下了《变形记》《城堡》《审判》等许多不朽的巨著。

成长智慧

人的性格是与生俱来不可随意硬性更改的，就像我们的双脚，其大小是无法选择的。所以，千万别再抱怨你的双脚，更别刻意地压抑它，做削足适履的傻事。请相信，"天生我材必有用"永远是真理。

将对手变成朋友,才是最完美的战胜

真正的对手,会灌输给你大量的勇气。——卡夫卡

老鼠是山神的宠物,它向山神要求下凡当一名普通的动物。

山神说:"在动物界中,大象是最强大的,你下凡后,必须战胜大象,你才有资格回到我身边,否则,你就永远留在动物界吧。"

老鼠答应了山神的条件。

但老鼠一来到动物界,便感到它向山神的承诺是轻率的。因为,它到动物界后,发现自己是一种又小又弱的动物,要战胜大象那简直是天方夜谭,它后悔了。

但它还是决定试一试。它想,自己要是从大象的长鼻子中钻进去,用身体堵住大象的气管,不让它喘气,大概会迫使它认输。

这天,它趁大象吃树枝之机,悄悄地钻进了大象的鼻子,准备实施它的计划。不料,刚进去一小段距离,大象就觉得鼻子奇痒,便猛地打了一个喷嚏,老鼠顿时觉得天旋地转,它就像炮弹一样被射向了高空,半天才掉到地上,摔得它浑身上下疼痛难忍。这一下,它可知道大象的厉害了。

由此,大象也恨透了老鼠。它心想,这老鼠长得小,胃口可不小,它竟然想打我大象的主意,真可恶。于是,一见到老鼠,大象就用大脚踩它，老鼠险些丧命。

此后很久，老鼠总是远远地躲开大象，它不想自讨苦吃。

可天有不测风云。一天，大象落入了猎人设下的巨网中。它挣扎了很久，全身一点力气也没有了，它只好等死。老鼠想，这真是天赐良机，大象现在已毫无抵抗能力，只要我在它的要害部位挖几个洞，它就会没命了。我不就战胜大象了吗？

然而，老鼠是善良的。它看到大象可怜的样子，它又不忍下手了。它的良心告诉自己，它应该救大象。于是，它开始用锋利的牙齿咬网和绳子，不知过了多久，那张巨网出现了一个大缺口，大象猛地一用力，从巨网中钻了出来，大象得救了。从这件事情中，大象看到了老鼠可贵的心灵，它决定同老鼠结下友谊，当然，老鼠也愿意交大象这个仁厚的朋友。于是，老鼠和大象化干戈为玉帛。

不久，山神找到了老鼠，它向老鼠祝贺，说它已经战胜了大象。

老鼠说："我还没有战胜大象呢。"

山神说："你已经战胜了大象。你将对手变成了朋友，难道世界上还有比这更完美的战胜吗？"

成长智慧

如今的社会是讲究双赢、多赢的社会。所以，在竞争过程中，要战胜一个人，并不是要将他彻底打倒，要他向你认输，而是要彼此达成和解，成为朋友，这才是最完美的战胜。

获胜不光要靠技术,更要靠智慧

智慧胜于知识。——巴斯卡

在一个遥远的国家,有两个心灵手巧的木匠,他们的手艺都很好,难以分出高下。

有一天,国王突发奇想:"到底哪一个才是最好的木匠呢?不如我来办一场比赛,然后封胜者为'全国第一的木匠'。"

于是,国王把两位木匠找来,为他们举办了一场比赛,限时三天,谁刻的老鼠最逼真,谁就是"全国第一的木匠",获胜者不但可以得到许多奖品,还可以得到册封。

在前两天里,两个木匠都不眠不休地工作。到了第三天,他们把刻好的老鼠献给了国王,国王把大臣们全都找来了,一起做本次比赛的评审。

第一位木匠刻的老鼠栩栩如生、纤毫毕现,甚至连鼠须都会抽动。

第二位木匠刻的老鼠则只有老鼠的神态,却没有老鼠的形貌,远看勉强是一只老鼠,近看则只有三分相像。

胜负即分,国王和大臣们一致认为第一个木匠获胜。

但第二个木匠当场抗议,他说:"大王的评审不公平。"

木匠说:"雕刻的像不像老鼠,应该由猫来决定,猫看老鼠的眼光比人还锐利呀！"

国王认为他说的很有道理，就叫人到后宫带来几只猫，让猫来决定哪一只老鼠比较逼真。

没有想到，猫一被放下来，都不约而同地扑向那只看起来并不像老鼠的"老鼠"，它们啃咬，抢夺。而那只栩栩如生的老鼠却完全被冷落了。

事实摆在面前，国王只好把"全国第一的木匠"的封号给了第二个木匠。

事后，国王把第二个木匠找来，问他："你是用什么方法让猫也以为你刻的是老鼠呢？"

木匠说："大王，其实很简单，我只不过是用鱼骨刻了只老鼠罢了，猫在乎的根本不是像与不像，而是腥味呀！"

成 长 智 慧

在人生这个大赛场上，要想获胜不仅要有一流的技术，更要懂得人情世故，善于运用大智慧。那些符合逻辑、遵循自然规律、最接近人性的往往就是人生的大智慧，如能巧妙地运用，自然获得成功。

第二章

当觉得走到绝境时，离成功也许仅一步之遥了

不管你有多聪明，当进行新的尝试时，都有可能会犯一些错误；不管你从事什么行业，当你不断对自己提出更高的要求时，都有可能会遭遇失败。不要被失败打倒，当你觉得似乎已经走到绝境时，离成功也许仅一步之遥了。

跌倒了就再站起来，最终一定可以站稳脚跟

每一次的失败，是走上成功的一阶。——佩恩

安东尼是一位成功的裁缝，他出生于西西里岛。在西西里时，7 岁的安东尼给一位裁缝当学徒，做学徒是没有薪水的，他的报酬就是"学到了在裁缝店里该做的事情"。

安东尼 14 岁到了美国。18 岁的时候，他决定自己开店。做了两年后，他又转手将店卖了出去。

凭借自己的力量站稳脚跟是很艰辛的。店卖出去以后，有一阵子他在别的裁缝店里工作，接着他决定再度自行开店，于是他就和弟弟及其他几个合伙人共同买下了一间礼服店。他投资了 8 万美元买进存货，但接下来发生了许多不幸的事，似乎在对他说："你靠自己是办不到的，放弃这个想法吧。"

想想看发生的这些事：礼服店即将开业的前一天晚上，一群小偷击穿了隔壁店的墙壁，结果价值 8 万美元的存货就这样不翼而飞了；第二次的进货被大火付之一炬，狡诈的保险经纪人未将安东尼支付的第一期保险费交给保险公司，结果等于没有购买保险；可以证明公司存货内容和价值的一位重要证人也去世了。

那时安东尼真是受够了。他再度到别的裁缝店工作，但没有多久，他渴望拥有自己事业的欲望又蠢蠢欲动了。而他始终相信

"跌倒了就再站起来,最终一定可以站稳脚跟。"

于是他第三度开了一家裁缝兼礼服出租店,这次是和他的亲戚一起开的,但为了能够真正拥有一家店,不久他就买下了亲戚的股份。这次他决定多听别人的意见,但在一些大方针上,他自己做决定。

他特别喜欢一首歌的歌词:"重拾你的信心,把身上的灰尘掸掉,一切从头开始。"他说:"那首歌简直就是在说我。那是追求独立自主唯一的方法,至少对我是如此。"

"法兰克礼服出租店"在底特律都会区有着相当大的市场占有率。如今,安东尼在他的专业领域里,已经攀登到了顶峰。

成长智慧

人生难免遇到挫折,但不要失掉永不言败的信念。跌倒了没关系,要勇敢地站起来,掸掉身上的灰尘,再从头开始。这是一个人站稳脚跟,追求独立自主的唯一方法。

所谓成功者,就是能够坚持到底的人

对于不屈不挠的人来说,没有失败这回事。——俾斯麦

探险之王哥伦布发现美洲,是一个传奇,也是历史上的一件大事。

哥伦布年轻的时候,曾经做过海盗,这不值得惊奇。因为当年甚至一些家境良好的家庭,也把孩子送到海盗船上工作,这样不仅可以使孩子增长见识,而且还可以多赚一点钱。

在他们看来,只要不被官方捉住,也就无所谓羞耻与卑贱,要是不幸被逮着了,也只好自叹运气不佳了。

哥伦布还在求学的时候,偶然间读到一本毕达哥拉斯的著作,书中说地球是圆的,他就牢记在脑子里。经过很长时间的思考和研究后,他大胆地提出,如果地球真是圆的,他便可以经过极短的路程而到达印度。

许多有学问的大学教授和哲学家们都取笑他。因为,他想向西方行驶而到达东方的印度,无异于痴人说梦。

他们告诉他:地球不是圆的,不是平的。然后又警告道:你要是一直向西航行,你的船将驶到地球的边缘而掉下去……这不等于自杀吗?

然而,哥伦布对"地球是圆的"深信不疑,只可惜他家境贫寒，没有钱让他实现这个探险的梦，他想从别人那儿得到一点钱，资助他去探险，但一连空等 17 年，所以他决定不再为这个"梦"而努力了。

因为使他忧虑和失望的事太多了，他的红头发竟完全变白了——当时他还不到 50 岁。灰心的哥伦布，这时只想进西班牙的修道院度过后半生。正在这时，罗马教皇怂恿西班牙皇后伊莎贝露帮助哥伦布。教皇先送给哥伦布 65 元钱，算是路费，但哥伦布自觉衣服过于褴褛，便用这些钱买了一套新装和一匹驴子，然后启程去见伊莎贝露，沿途他穷得竟以乞讨为生。

皇后很赞赏他，并答应赐给他船只，让他从事这项探险活动。但水手们都怕死，没有人愿意跟随他，于是哥伦布鼓起勇气跑到海滨，捉住了几位水手，先向他们哀求，接着用恫吓手段逼迫他们一同前往。另一方面他又请女皇释放了狱中的死囚，答应这些死囚如果探险成功，就免罪恢复他们的自由。

一切准备妥当，1492 年 8 月，哥伦布率领三艘帆船，开始了一个划时代的航行。

航行没几天，就有两艘船坏了，接着剩下的一艘船又在几百平方公里的海藻中陷入了进退两难的险境。哥伦布亲自拨开海藻，才使船得以继续航行。

在浩瀚无垠的大西洋中航行了 67 天，也不见大陆的踪影，水手们都失望了，他们要求返航，否则就要把哥伦布杀死。哥伦布用鼓励和强压的手段，总算说服了船员。

天无绝人之路，在前进中，哥伦布忽然看见有一群飞鸟向西南方向飞去，他立即命令改变航向，紧跟这群飞鸟。因为他知道海鸟总是飞向有食物和适宜它们生活的地方，所以他预料到附近可能有陆地。果然哥伦布很快发现了美洲新大陆。

当他们返回欧洲报喜的时候，又遇上了四天四夜的大风暴，船只面临沉没的危险。在十分危急的情况下，哥伦布想到的是如何使世界知道他的新发现，于是他将航行中所见到的一切写在羊皮纸上，用腊布密封后放在桶内，准备在船毁人亡后，使自己的发现能够留在人间。哥伦布很幸运，他们终于脱离危险，胜利返航了。

哥伦布的探险成功了。

可惜哥伦布甚至不知道自己发现的是美洲新大陆，他还以为，自己只不过是发现了一条到达印度的新航路而已，所以他把美洲红皮肤的土人也称呼为"印度人"。他那种无畏、勇敢和坚持到最后一秒钟的精神，值得我们每一个人学习。

当水手们退缩的时候，只有哥伦布还要勇往直前；当水手们恼羞成怒警告他再不折回，便要叛变杀了他时，他的回复还是那句话：前进啊！前进！

成 长 智 慧

做一件事如果不坚持到底，就不会成功。成败，往往在于一秒钟前后：成功者能坚持到最后一秒钟，失败者在成功前一秒钟放弃。所以，无论做什么事，只有坚持到底，才会成功。

善于思考和行动的人,会获得意外的收获

善于思考的人思想急速转变,不会思考的人晕头转向。

——克柳夫斯基

山下宏雄身患肺病,辗转于卧榻之上。20世纪初,这种病被认为是不治之症,只能依靠休息和增强营养来改善体质,赶走病魔。山下宏雄是个穷人,无法住进设施良好的医院,他只好在家中的陋室里休息养病。漫长的病榻生活使他经常胡思乱想,因此他经常失眠,肺病不仅没有见好,反而日趋严重,他的心情真是糟透了。

一天,他正昏昏欲睡时,床边的火炉上烧着的水沸腾了,茶壶盖子上飘出白色的水汽,发出"咔嗒咔嗒"的声音,顿时他睡意全失,山下宏雄怒不可遏,他操起柜边的一把锥子用力向水壶投掷过去,锥子一下子刺中了水壶的盖子,将盖子扎出了一个小孔。奇怪的事情发生了:使人心烦意乱的"咔嗒咔嗒"的声音顿时消失了。

反正也睡不着,他就反复琢磨这个现象:原来盖子上有了小孔,壶中的热气散发出去了,壶盖就不再发出响声了。这是个在物理学上并不算深奥的问题,可是却从来没有人注意它。山下宏雄为自己的这个发现激动不已,他顿时感到信心倍增,对生活、对健

康充满了希望。

　　为此，他离开了病榻，带病奔波了一个多月，终于同日本明治制壶公司谈妥了一笔交易，将自己的发现和创意作为专利出售给他们，并获得了2000日元的报酬，这笔钱相当于现在的一亿日元，这可是一笔巨款啊！

　　山下宏雄获得了这笔钱之后，他在家乡横滨市买了一所住宅，开始了崭新的生活。奇怪的是，连药物都无法治疗的肺病，却被他善于思考和积极行动的那份活力征服了，他变成了一个身体健康的人。

成 长 智 慧

　　生活中有太多的现象需要我们思考和研究。善于思考的人，从来不放过任何一个细小的现象，在思考和研究的过程中，他们所获得的往往不仅仅是名利和金钱，还会获得比它们更珍贵、更难得的一些东西。

虽说人心最难捉摸，但攻心最易成功

智者的智慧是一种不平常的常识。——拉尔夫·英

罗斯一辈子研究出了不少化学产品，他成了闻名世界的大化学家、百万富翁。他买回了好多幅精美绝伦的世界名画和一件件珍贵的文物，他将这些价值连城的东西一一布置在宽敞的客厅里，供客人欣赏。

罗斯多了份生活乐趣。但这事却被一个嗅觉特别灵敏的小偷听说了，这家伙想去偷几件卖掉，自己这辈子便可享受荣华富贵了。

某天深夜，他悄悄地摸到罗斯家，他环顾四周，发现室内无人，贼胆更大了起来，他摘下了一幅价值20多万美元的名画，抱起桌上一件古色古香的文物，便欲溜出门去。

这时，桌上一瓶绿色的酒吸引了他。只见酒液清碧，阵阵扑鼻的酒香撩拨着他，这小偷爱酒如命，他马上拧开酒瓶盖，仰起脖子咕咚咕咚大口大口地喝了起来。忽然，门外传来了脚步声，小偷马上放下酒瓶，夺路而逃。

警长乔尼在屋里细细地观察，没发现罪犯留下的任何指纹、脚印。"这罪犯准是戴了胶质手套，穿了特种鞋。"这时罗斯的仆人告诉他，放在客厅里的酒少了半瓶，一定是那窃贼贪酒，喝了几口。乔尼听了心生一计，吩咐罗斯马上写一份声明，在当天的晚报上登出，那窃贼一定会找上门来。

第二天，那窃贼真的来敲罗斯家的门了。罗斯打开门，躲在屋内的警察马上冲出去抓住了那名窃贼。

原来，罗斯的登报声明内容如下：

"我是化学家罗斯。今天回家，我发现家中桌子上绿色酒瓶里的液体被人喝了几口。那不是酒，是有毒液体，谁喝了快到我家服解药，否则两天内有生命危险。请各位阅读后，相互转告，万分感谢！"

成长智慧

人们常说，心理是人的最后一道防线。之所以这么说，是因为人的心理是最难捉摸、最难攻破的。其实，再困难的事情，一旦抓住了要领，找对了正确的方向，也很容易被解决掉。

第一个"敢于吃螃蟹"的人,会赢得先机

永远以积极乐观的心态去拓展自己和身外的世界。——曾宪梓

1914年7月4日,美国西雅图市举行了盛大的国庆庆祝活动。当庆典达到高潮时,空中出现了一架飞机,它做着精彩的表演,大家昂首注目,如痴似狂,又是鼓掌又是呐喊,气氛异常热烈。

在现代,飞机已遍及世界各地,但在20世纪初期,它还是一个新鲜事物。这次飞行表演离发明世界第一架飞机的莱特兄弟试飞成功只有11年,所以引起了极大的轰动。

不一会,飞机降落在举行庆典的广场上,人们像潮水般地拥上去围观。飞行员拉·马罗尼走出机舱向公众挥手示意。顿时,他被人们当作英雄似的抛入空中,又接到手中,从一群人中又传到另一群人中。好不容易他才得以在平地上站稳脚跟,又陷入了人们七嘴八舌的询问之中:"你在空中飞行,感觉如何?""悬在空中,上不着天,下不着地,难道你不怕吗?"

马罗尼笑呵呵地说:"其中滋味,你们不想亲自体验一下吗?有谁愿意同我一同上天?"

众人闻听此言,一个个噤若寒蝉,谁也不敢冒险。此时,一个青年人对马罗尼说:"我愿意。"

此人名叫威廉·爱德华·波音,他被认为是第一个"敢于吃

螃蟹"的人。飞行顺利结束了。波音从此对飞机发生了浓厚的兴趣。他与好友韦斯特·维尔特谈了自己想从事飞机制造的意愿后,两人一拍即合,他们利用当地廉价的木材制造飞机。

1916年,第一架浮筒式小木飞机制造出来了。波音亲自架着飞机进行试验,取得了成功。他们就在西雅图郊区正式成立了"太平洋航空产品公司"。第二年,公司改名为"波音公司"。

现在的波音公司已成为世界上最大的飞机制造企业,公司生产的各种型号的"波音"飞机,几乎飞遍了地球上的每个角落。

成长智慧

新生事物被人们接受是需要一个过程的,我们不要因为陌生而拒绝接受它。只要新生事物能给人们带来益处,我们不仅要敢于接受它,而且还要以不同的方式鼓励和支持它不断成长。要做第一个"敢于吃螃蟹"的人,这样才会赢得先机。

有阻力和竞争,才会有进步和发展

我觉得坦途在前,人又何必因为一点小障碍而不走路呢? ——鲁迅

麦考米克父子是美国弗吉尼亚州的一对农民。老麦考米克曾开过一个修理农具的小铺子,小麦考米克从小就受父亲的影响,常在小铺子里帮助父亲鼓捣一些小农具。1816年,麦考米克父子研究出了一台收割机,但是,机器在麦地里一试,效果很不理想。过了十几年,父子俩通力合作,终于又试制出了一台新型的收割机。这是1832年的夏天,为了使更多的人接受收割机,父子俩决定用这台收割机进行公开表演。

这一天,村里人都顶着烈日来到麦考米克家的麦地边,观看收割机表演。人们对收割机持一种观望的态度,部分人还想看麦考米克父子俩出丑。

小麦考米克对大家说:"欢迎各位来观看收割表演。有什么不足的地方请帮助我们指出来。"说完,他简要地向人们介绍了收割机的性能和使用方法后,表演正式开始了。父子俩一个赶着马,另一个操纵着机器。由于地不平整,马拉的收割机割的麦茬有的长有的短,收割效果并不理想,那些本来就不信任机器收割的人,趁机讽刺挖苦起麦考米克父子来。

父子俩并未因此而气馁,他们愿意为乡亲们再表演一次。他们家的邻居愿意让收割机开到他的地里去收割。在那里，收割效果很好，计算下来，这台收割机一天能收割六英亩地的小麦。看了表演的人都开始相信收割机，也有人建议父子俩大量生产这种机器。但父子俩的头脑是清醒的："我们必须进一步提高机器的质量，才能大量生产。"父子俩开始进一步改造收割机。

两年后，麦考米克父子遇到了挑战。1834年，一个名叫赫西的美国退伍兵制造了一种收割机，并开始了大量生产。为了能打败对方，麦考米克父子俩经过反复考察，提出要同赫西进行一场收割比赛。

比赛的那一天，弗吉尼亚州的许多农民纷纷赶到比赛场地，观看这场收割机收割比赛。

比赛开始了，在人们的欢呼声中，双方的收割机你追我赶地吞吐着麦浪。不一会儿，麦考米克的收割机远远地跑到了前面，裁判和观众都一致认为，麦考米克的收割机确实比较先进一些。

麦考米克父子成功了，人们纷纷向他们祝贺，并表示愿意购买他们的机器。小麦考米克对父亲说："看来，不断地改进自己的发明是必须的，今后肯定还会有人向我们提出新的挑战。"

成长智慧

有阻力，才会有动力；有竞争，才会有发展。任何事物都是在遇到阻力和竞争之后，才不断地加以改进和更新。竞争越激烈，发展往往也会越快。只有不断地改进和更新，才能在竞争中获胜。

做事情，不但要有胆还要有识

名人名言

你要像一棵橡树，大风将树吹折，然而巨大的树干却永远挺直。——裴多菲

武则天是我国封建社会的一位女政治家、女皇帝，她称帝后亲自执政 16 年。

武则天出生于山西文水的一个将门之家，她童年时就聪慧过人，琴棋书画样样精通。而且她容貌美丽，胆大有心计，14 岁时便被唐太宗召进宫中，选为才人。

那一年，西域国王派人向大唐进贡了一匹名叫"狮子骢"的烈马，宫廷里的驯马师都想试试自己的本领，可他们刚骑上去，就被摔倒在地上，各个都跌得鼻青脸肿。有个惯于征战的青年将领很不服气，他飞步跨上马背，那烈马双蹄腾空，纵身一跃就将那青年将领从马背上掀了下来，半天也爬不起来。

这时站在唐太宗身旁的武则天请求道："皇上，让我试试看吧！"

唐太宗看看年幼而纤小的武则天，笑着问道："你能行吗？"

"皇上，女子就不能降马吗？"武则天从容不迫地回答道，"不过我需要三样东西：一根钢鞭，一把铁锤，一支匕首。"

唐太宗不解地问道："要这些东西有什么用？"

武则天笑着说:"马活着就是要给人骑的,它不让我骑上去,我就用鞭子抽它;抽不服,我就用铁锤敲它的头;再不服,我就用匕首把它宰了!"

武则天说到做到,她腰插铁锤、匕首,手执钢鞭,大胆地逼近烈马。烈马照常蹶起蹄子不让她近身,武则天举起钢鞭狠狠地抽了它几鞭子,并趁机骑了上去。烈马故伎重演,又跳又纵,武则天就抓住它的颈毛,举锤朝它头上就是一下子,烈马受到锤击,还没等武则天亮出匕首,就一声哀嘶,乖乖地听从了她的摆布,规矩地跑了起来。武则天一把拉住缰绳,跃身下马,来到唐太宗的面前。

唐太宗连连称赞道:"爱姬不愧是女中丈夫,不但有胆,而且有识!"

成长智慧

如果一个人有勇无谋,那么,他只会被人领导;如果一个人智勇双全,那他将会领导别人。一个人想要成功,不仅要有过人的胆量,还要有一般人所没有的智慧,这样才会脱颖而出。

不管事情多么糟糕，总会有一个解决的办法

烈火试真金，逆境试强者。——塞内加

朝鲜族有这么一个传说。

一天，聪明的金善达来到盛产玉石的地方，他路过一座小桥，看见一个小伙子在号啕大哭。

见了金善达，小伙子捧出一捧碎玉石说："先生，我可闯下大祸啦！我家主人奉国王的命令，让我在三日之内把一块宝玉送去。可是，我刚走到这儿，该死的石头绊了我一跤，把这块宝石给摔碎了。宝玉没有送到，我回去是要掉脑袋的呀！"

金善达说："不管事情多么糟糕，总会有一个解决的办法。你把碎玉给我，我替你去献给国王。"

金善达骑马来到了王宫门前，他翻身下了马，大摇大摆地朝王宫里面闯。看门的守卫把金善达给挡住了。

金善达挥着折扇说："别人能进，为什么我就不能？我要见你们的国王！"说完又往里闯。

这下守卫们可来气了，他们边骂边去拽金善达。

金善达假装被拽倒了，他把怀里的碎玉麻利地扔在地上，然后号啕大哭起来："我本奉主人之命，来给国王送宝玉，这下可倒好，你们把宝玉给碰碎了，我怎么把它献给国王啊？你们赔我

的宝玉！"说着金善达揪住守卫，连拉带拽地闹了起来。

守卫只得把金善达带到国王面前。金善达给国王献上碎玉，他边哭边说："尊敬的大王，我奉了我家主人之命，前来给大王献玉，没承想，您那几个守卫说什么也不让我进，连拉带拽的，把这块宝玉都打碎了。我回去怎么向主人交差呀？"

国王大怒，喝令重打守卫 40 棍杖，国王又命令手下人摆上一桌酒席，客客气气地对金善达说："你一路上辛苦了，多吃点儿，多喝点儿。宝玉被摔碎了，这不能怪你，回去跟你们主人说一声，以后再送来一块就是了。"

金善达连连点头称是，酒足饭饱后，他大摇大摆地走出了王宫。

成长智慧

不管事情有多么糟糕，都应有解决之道。当我们感到无法解决时，只是因为我们没有想到办法而已。不要放弃想办法，不要放弃思考。

在坎坷的路上行走,才能磨炼一个人的心志

没有经历过逆境的人不知道自己的力量。——琼森

一座寺院中有一个小和尚,每天清晨,他要担水、洒水、扫地。做过早课后,他还要去寺后很远的市镇上购买寺中一天所需的日常用品。晚上他还要诵读经书到深夜。

有一天,他发现,虽然别的小和尚偶尔也会被指派下山买东西,但他们去的是山前的市镇,路途平坦距离也近。于是,小和尚问方丈:"为什么别人都比我自在呢?没有人强迫他们干活读经,

而我却要干个不停呢？"方丈只是微笑不语。

第二天中午，当小和尚扛着一袋米从后山走来时，方丈把他带到寺的前门。日已偏西，前面山路上出现了几个小和尚的身影，方丈问那几个小和尚："我一大早让你们去买盐，路这么近，又这么平坦，怎么回来得这么晚呢？"

几个小和尚说："方丈，我们说说笑笑，看看风景，就到这个时候了。十年了，每天都是这样的啊！"

方丈又问身旁侍立的小和尚："寺后的市镇那么远，你又扛了那么重的东西，为什么回来得还要早些呢？"

小和尚说："我每天在路上都想着早去早回，由于肩上的东西太重，我才走得更小心，所以反而又稳又快。十年了，我已养成了习惯，心里只有目标，没有道路了！"方丈闻言说："道路平坦了，心反而不在目标上了。只有在坎坷的路上行走，才能磨炼一个人的心志啊！"

这个当年的小和尚就是后来的玄奘法师。在西去取经的途中，虽艰险重重，他的心却一直闪耀着执着的光芒。

成长智慧

逆境能磨炼人的意志，顺境却往往会使人意志消沉、不思进取。所以，身处逆境的时候，我们没必要怨天尤人，因为总有一天我们会发现正是逆境让我们变得更坚强；身处顺境的时候，我们反而应该经常激励自己积极上进，以免放松懈怠。

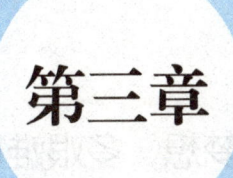

第三章

挫折是成功的入场券，请不要让它作废

上天对一个人的最大考验，就是看他能否做到面对失败而不气馁。把挫折当作享受，要仔细去品味，品出失败原因的时候，你就接近成功了。屡屡遭受挫折不要紧，要紧的是在跌倒的地方不愿意爬起来，那才是永远失败了。记住：挫折是成功的入场券，请不要让它作废！

坚守住你的梦想，多艰难也不要放手

名 人 名 言

梦想只要能持久，就能成为现实。我们不就是生活在梦想中的吗？——丁尼生

查尔斯·狄更斯还是个孩子的时候，有一次，他跟随父亲去旅行。正巧路过肯德郡的格德山庄，那里高大、宽阔，墙上爬满

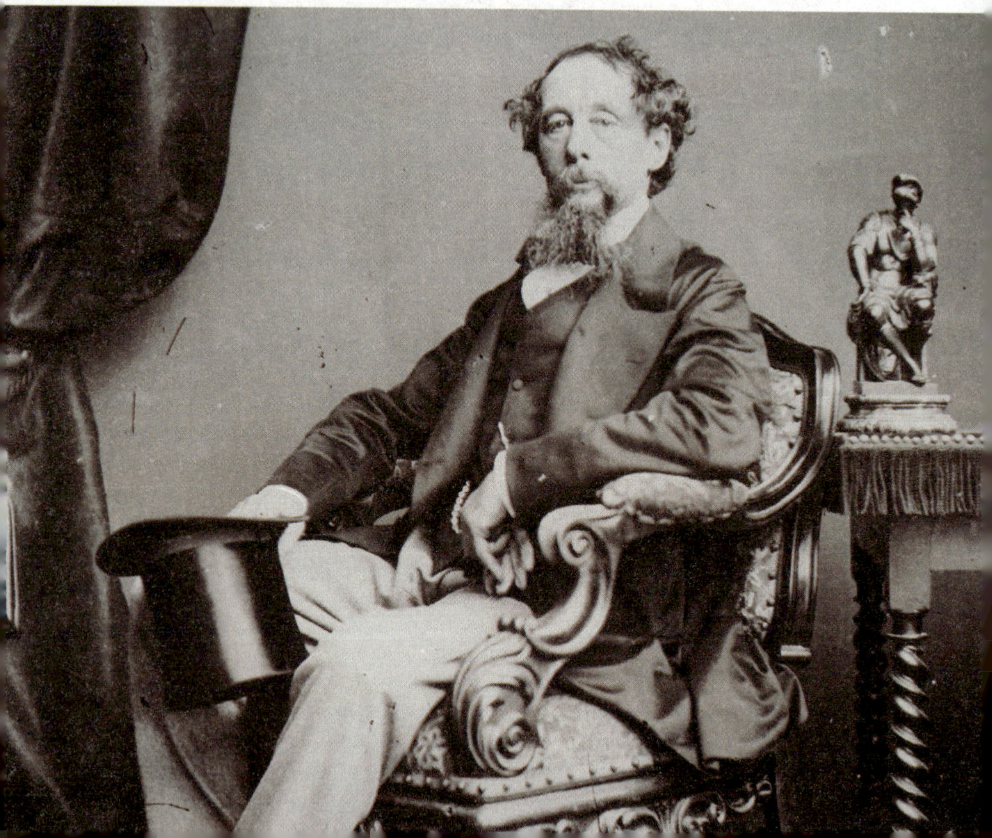

绿色的植物，在他看来，这里几乎像人间仙境一般。小查尔斯仰起头，用艳羡的眼光仔细打量着这座美丽的府邸，在查尔斯的心里，这无异于一个理想的宝殿，他很想住进这间宫殿。

查尔斯的父亲仿佛看透了他的心思，他伸出宽厚的手掌抚摸着他的头，然后和蔼地告诉他，"只要你努力，而且坚持不懈，总有一天，你会走进这个房子，拥有它。"父亲的话刻在了小查尔斯的心里。后来，他遇到了很多困难，他曾经在工厂里做过童工，过着异常艰苦的日子，接着父亲欠债入狱，一家人过着颠沛流离的生活。但不管到了什么时候，他依然牢记父亲说过的话和那所绿色的格德山庄。格德山庄是他多年的一个梦。

后来，他开始写书，而且很成功，他终于成了享誉世界鼎鼎大名的作家查尔斯·狄更斯。在查尔斯36岁那年，他买下了格德山庄，实现了他的梦想，然后他在那里一直住到他辞世的那一刻。一个梦查尔斯从童年做到年老。

成 长 智 慧

我们在很小的时候，就有了自己的梦想，但在以后的日子里，梦想便被时间冲洗得失去了原来的颜色。因为实现那个梦想的过程太过艰难，使我们不得不放弃它而去追求其他的东西，而后又发现追求什么都很难，所以我们就有了"常立志"的结果。其实，无论多么艰难，只要我们守住梦想，坚持不放弃，终有一日会梦想成真的。

你自己的行动，决定着你的未来

只有你的行动，才决定你的价值。——费希特

法国名画家纪雷有一天参加一个宴会，宴会上有个身材矮小的人走到他面前，向他深深地鞠了一躬，请求他收自己为徒弟。

纪雷朝那人看了一眼，发现他是个缺了两只手臂的残疾人，就婉转地拒绝了他，并说："我想你画画恐怕不太方便吧？"

可是那个人并不在意，他立刻说："不，我虽然没有手，但是还有两只脚。"说着，便请主人拿来纸和笔，坐在地上，用脚趾头夹着笔画了起来。他虽然是用脚画画，但是画得很好，足见是下过一番苦功的。在场的客人，包括纪雷在内，都被他的精神感动了，纪雷马上便答应收他为徒弟。

这个矮个子自从拜纪雷为师之后，更加用心地学习，没几年的工夫便名满天下，他就是著名的无臂画家杜兹纳。

成长智慧

只要有排除困难的毅力和恒心，我们就能够创造奇迹——完成别人认为我们根本不可能做到的事情。我们的行动决定着自己的未来。

当你陷入窘境时,坚持是突破窘境的利器

要从容地着手去做一件事,但一旦开始,就要坚持到底。

——比阿斯

据统计,现在日本有 1.35 万间麦当劳店,它一年的营业总额突破 40 亿美元大关。拥有这两个数据的主人是一个叫藤田田的日本老人,他是日本麦当劳株式会社的名誉社长。

1965 年,藤田田毕业于日本早稻田大学经济学系,毕业之后他在一家大电器公司打工。

1971 年,他开始创立自己的事业,经营麦当劳生意。麦当劳是闻名全球的连锁速食公司,采用的是特许连锁经营机制,而要取得特许经营资格是需要具备相当的财力和特殊资格的。藤田田当时只是一个才出校门几年、毫无家族资本支持的打工仔,根本就不具备麦当劳总部所要求的 75 万美元现款和一家中等规模以上银行信用支持的苛刻条件。只有不到 5 万美元存款的藤田田,看准了美国连锁速食文化在日本的巨大发展潜力,决定要不惜一切代价在日本创立麦当劳产业,于是他绞尽脑汁东挪西借起来。可事与愿违,5 个月下来,他只借到了 4 万美元,面对巨大的资金缺口,要是一般人,也许早就心灰意冷了,然而藤田田却偏有对困难说不的勇气,他偏要迎难而上。

于是，在一个风和日丽的早晨，他西装革履满怀信心地跨进了住友银行总裁办公室的大门。藤田田以极其诚恳的态度，向对方表明了他的创业计划和求助心愿。在耐心细致地听完他的表述之后，银行总裁做出了"你先回去吧，让我再考虑考虑"的决定。藤田田听后，心里即刻掠过一丝失望，但他马上镇定下来，恳切地对总裁说了一句："先生可否让我告诉你，我那5万美元存款的来历呢？"回答是"可以。""那是我6年来按月存款的收获，"藤田田说道，"6年里，我每月坚持存下工资的三分之一和奖金，雷打不动，从未间断。6年里，无数次面对过度紧张或手痒难耐的尴尬局面，我都咬紧牙关，克制欲望，硬挺了过来。有时候，碰到意外事故需要额外用钱，我也照存不误，甚至不惜厚着脸皮四处借贷，以增加存款。这是没有办法的事，我必须这样做，因为在跨出大学门槛的那一天我就立下宏愿，要以10年为期，存够10万美元，然后自主创业，出人头地。现在机会来了，我一定要提早开创事业……"藤田田一口气讲了10分钟，总裁越听神情越严肃，并向藤田田问明了他存钱的那家银行的地址，然后对藤田田说："好吧，年轻人，我下午就会给你答复。"

送走藤田田后，总裁立即驱车前往那家银行，亲自了解藤田田存钱的情况。柜台小姐知道了总裁的来意后，说了这样几句话："哦，是问藤田田先生啊。他可是我接触过的最有毅力、最有礼貌的一个年轻人。6年来，他真正做到了风雨无阻地准时来我这里存钱。老实说，这么严谨的人，我真是佩服得五体投地！"听完柜台小姐的介绍后，总裁大为动容，他立即拨通了藤田田家里的电话，告诉他住友银行可以毫无条件地支持他创建麦当劳产业。

藤田田追问了一句："请问，您为什么要决定支持我呢？"总裁在电话那头感慨万千地说道："我今年已经58岁了，再有两年就要退休了，论年龄，我是你的2倍，论收入，我是你的30倍，可是，直到今天，我的存款却还没有你的多……我可是大手大脚惯了。光这一项，我就自愧不如，敬佩有加了。我敢保证，你会很有出息的。年轻人，好好干吧！"

成长智慧

在追求成功的道路上，一旦遇到挫折或失败，有的人会掉头离去，其实退缩和坚持之间有一个很微妙的临界点，如果我们坚持下来了，越过这个点，我们就会离成功很近，如果我们退缩了，放弃了，那我们就失败了。成功不会轻易获得，错过成功的人往往是因为缺少一种坚持的精神。

成功没有秘诀，只不过是一条道走到底

不要失去信心，只要坚持不懈，就终会有成果的。——钱学森

她叫孟乔波，她说她只是个卖茶的，也永远是个卖茶的。

1987年，她刚刚14岁的时候，就在湖南益阳一个名叫衡龙桥的小镇卖茶，一毛钱一杯。茶水放在一个个透明的杯子里，上面盖块小玻璃片。镇上的农贸市场人来人往，她的茶水小摊就设在市场旁边。因为她的茶杯比别人大一号，所以卖得最欢。没有人清楚一毛钱一杯的茶水一天下来她究竟能有多少收入，大家看到的，只是她总在高兴地忙碌着。

1990年时，她17岁了，原来的同行要么嫌卖茶收入太低而早早鸣金收兵，要么赚点钱赶紧转行另谋出路。唯有她，还在卖茶，只是，她不再在小镇上卖茶，而是把摊点搬到了益阳市里；她也不再卖最简单的从大茶壶里倒出的茶水了，而是改卖当地特有的"擂茶"。擂茶制作起来很麻烦，但也卖得上价钱，小杯3元，大杯5元，而不管大杯小杯，她的杯子又比旁人的都要"胖"了一圈。所以，她的小生意又是忙忙碌碌。

1993年，她20岁，在省城长沙，她仍然卖茶。摊点也变成了小店面。屋子中央摆一张茶几，客人进门，必泡上热乎乎的茶请他品尝；客人尽情享受之后出门时，或多或少会掏钱再拎上一

两袋茶叶。不知我们中间有几人能把一杯茶水坚持卖这么多年？何况在如今风起云涌的商界，总是不时冒出各种各样快速致富的神话。但她做到了，多年的光阴中，她始终在茶叶与茶水间打滚。只是，她已经拥有了37家茶庄，它们遍布于长沙、西安、深圳、上海等地。福建安溪、浙江杭州的茶商们一提起她的名字，莫不竖起大拇指。

1997年，她24岁，事业有成的她，甜美的笑容在一本知名财经刊物的封面上格外灿烂，在照片的下面有行文字：我的成功没有秘诀，只不过是一条道走到底。翻开杂志的第一页，就是她的详细报道。在文中的最后一段，她说了这样一句话："我只是个卖茶的，也永远是个卖茶的。"接着她又说："我一定会一条路走到底。若干年后，你会发现本来习惯于喝咖啡的国度里，也会有洋溢着茶叶清香的茶庄出现，那也许就是我开的……"后来她真把茶庄开到国外去了。她总是强调一句话：成功没有什么秘诀，仅仅只需要一条道走到底。

成 长 智 慧

追寻成功贵在坚持，如果当初选择了一条路，那么既然选了，不管未来要经历怎样的苦难，都应该不畏艰难地走下去。要知道，条条大路通罗马，只要沿一条路坚持走下去，不半途而废，罗马终将到达。

在逆境中生存下去,风雨之后必见彩虹

逆境展示人才,顺境隐没英才。——霍勒斯

格雷戈·弗兰克林曾有这样的经历。在他上高中的自然课上,每个学生都被要求熟练地解剖一只青蛙,以证明自己掌握了解剖学这门课程。他们按照姓名的顺序依次走上讲台,当轮到格雷戈·弗兰克林时,他早早就做好了准备。

格雷戈·弗兰克林穿着他最喜欢的一件格子衬衫——他认为这件衣服让他显得很精神,别人也都说这件衣服很适合他。对于那天的试验,格雷戈·弗兰克林事前已经练习了很多次,他充满信心地走上讲台,微笑着面对他的同学,抓起解剖刀准备动手。这时,一个声音从教室的后面传来:"好棒的衬衣!"格雷戈·弗兰克林努力当它是耳边风,可是这时又一个声音在教室的后面响起:"那件衬衣是我爸爸的,他妈妈是我家的佣人,她从给救济站的口袋里拿走了那件衬衣。"格雷戈·弗兰克林的心沉了下去,他无法言语。那可能只有一分钟的时间,但对于格雷戈·弗兰克林却像是数十分钟之久,他尴尬地站在那里,脑中一片空白,所有的目光都聚焦在他的衬衣上。格雷戈·弗兰克林曾经凭自己出色的口才竞选上了学生会的副主席,但那一刻,他生平第一次站在众人面前哑口无言,格雷戈·弗兰克林把头转到一边,然后他

听到一些人不怀好意地笑起来。格雷戈·弗兰克林的生物老师要他开始解剖，他沉默地站在那里，老师再一次催促他，格雷戈·弗兰克林仍然一动不动。过了一会儿，生物老师说："弗兰克林，你可以回去坐下了，你的分数是D。"

他不知道哪一个更令他羞辱，是得到低分还是被人揭了老底。回家以后，格雷戈·弗兰克林把衬衣塞进衣柜的最底层，妈妈发现了，又把它挂到了显眼处。格雷戈·弗兰克林又把它放到中间，但妈妈再一次把它移到前面。一个多星期过去了，妈妈问格雷戈·弗兰克林为什么不再穿那件衬衣了，格雷戈·弗兰克林回答说："我不再喜欢它了。"但她仍继续追问，格雷戈·弗兰克林不得不给她讲了那天在班里发生的事情。妈妈沉默地坐下来，眼泪无声地滑落，然后她给雇主打了电话："我不能再为你家工作了。"并要求对方为那天在学校发生的事道歉。在那天接下来的时间里，妈妈一直保持着沉默。在格雷戈·弗兰克林的弟妹们睡着后，他偷偷站在妈妈的卧室外，想听听事情的进展。

含着泪水，妈妈把她所受到的羞辱告诉了父亲，她是怎样地辞去了工作，又是怎样地为格雷戈·弗兰克林感到难受。她说她不能再做清洁工作了，生活中应该有更重要的事情需要去做。"那么你想做什么？"爸爸问。"我想做一名教师。"她用斩钉截铁的口气说。"但是你没有读过大学。"她用充满信心的口气说："对，这就是我要去做的，而且我一定会做到的。"

第二天早晨，她去找教育部门的人事主管，他对她的兴趣表示欣赏，但没有相应的学位，她是无法教书的。那天晚上，妈妈，一个有7个孩子的母亲、一个从高中毕业就远离校园的中年女人，和他们分享了她要去上大学的新计划。此后，妈妈每天要抽9个小时的时间学习，她在晚餐桌上展开书本，和他们一起做功课。第一学期结束后，她立即来到人事主管那里，请求得到一个教师职位。但她再一次被告知，"要有相应的教育学位，否则就不行。"第二学期，妈妈再次去找人事主管。他说："你是认真的，是吧？我想我可以给你一个教师助理的位置。但是你要教的是那些内心极度叛逆、学习缓慢、因为种种原因而缺乏学习机会的孩子们，你可能会遇到很多挫折，很多老师都感到相当困难。"妈妈为了得到这个职位而欢呼雀跃。每天一大早，她帮我们做好去学校的准备，然后赶去工作，下班后回家做晚饭，闲暇时还要坚持学习。这对于她不是一件轻松的事，但却是她想做的，也是她所热爱的。妈妈在将近5年的时间里，都是特殊教育中心的一名教师助理，而这一切都源于那天格雷戈·弗兰克林在教室里受到的轻率的评论。妈妈用她的行动告诉格雷戈·弗兰克林，怎样面对自己所处的逆境，并勇于挑战，而且永不放弃。

那天当格雷戈·弗兰克林收好课本准备离开教室时，生物老师对他说："我知道，这对你来说是艰难的一天，但是，我会给你第二次机会，明天来完成这个任务。"次日，格雷戈·弗兰克林在课堂上解剖了青蛙，生物老师将格雷戈·弗兰克林的分数从D改成了B。格雷戈·弗兰克林想要A，但生物老师说："你应该在第一次就做到，这对其他人不公平。"当格雷戈·弗兰克林收起书走向门口时，生物老师说："你认为只有你不得不穿别人穿过的衣服，是吗？你认为只有你是在贫穷中长大的，是吗？"格雷戈·弗兰克林用肯定的语气对他说："是！"生物老师用手臂揽住他的肩,接着给他讲述了自己曾经在绝望中长大的故事。在毕业的那天,他被别人嘲笑,因为他没钱买一顶像样的帽子和一件体面的礼服。他说:"那时,我每天都穿同样的衣服和裤子到学校。我了解你的感受,那时我的心情就和你现在的心情一样。但是孩子,你知道吗?我相信你,我认为你是出众的,我的内心感觉得到。"格雷戈·弗兰克林再次无语。他们两个极力忍住眼泪,但是格雷戈·弗兰克林能感到他的爱,一个白人教师对一个年轻黑人学生的爱。

格雷戈·弗兰克林竞选上了学生会的主席,他的生物老师成为他的指导顾问。在格雷戈·弗兰克林召开会议的时候,他总是寻找老师的身影,而他会对格雷戈·弗兰克林竖起大拇指。在那天格雷戈·弗兰克林认识到,他们都是一样的——虽然他们有不同的肤色、不同的背景,但是他们的许多经历是相似的,他们都希望快乐,都希望追求生活中更美好的事情。

成 长 智 慧

人的一生不会总是平坦大路,也会有不顺利的时候,我们要学会在逆境中生存,挑战困难,改变环境。只要坚持下去,不言放弃,坎坷总会过去,在风雨过后,迎接我们的就是彩虹。

很多事都是有可能的，没必要自暴自弃

决不可自暴自弃。开步走吧，只要走，自然会发生力量。

——法布尔

当医生告诉怀特·史密斯病情时，是在9年前，他脑部那个长了十几年的良性肿瘤已骤然变为恶性，他们说那个肿瘤无法开刀切除，史密斯大概只能再活3个月。

从医院回到旅馆，史密斯开始仔细衡量自己的境况：现年34岁，正在撰写他写作生涯中的第一部重要著作——画家杰克森·波洛克的传记。奇怪的是，虽然在他看来自己的生命才刚过了一半，令他最难过的不是自己将要英年早逝，而是这部写了一半的书没法完成了。

那天稍晚的时候，史密斯才发觉自己真是个傻瓜。那个坏消息一定搞错了，不是说关于肿瘤的结论错了，因为那些扫描图他也亲眼看过，错的是那个说他必死的结论。史密斯想："他们说我只能再活3个月。那是什么意思？是不是跟盛牛奶的纸盒上标示的保鲜限期那样？如果我好好休养，能不能多撑些时候？"史密斯把电视当作镇静剂，治疗他沮丧的情绪。忽然间，他豁然醒悟了，气象预报员面带歉疚的笑容报告说："明天最好把雨伞准备好。"史密斯明白了，他的医生跟气象预报员一样，他们的预测是根据经验做出的。气象预报员说"明日有雨",指的是有百分之九十的可能天会下雨,但仅是有可能而已。史密斯的肿瘤从一开始就令人莫名其妙,有好长一段时期,医生只能无奈地耸耸肩,说他的肿瘤是"自发的",意思是"我实在弄不懂你怎么会得这个病"。

后来史密斯才想起,他的病是从自己读大学的时候开始的。有一次,他不小心头撞到了游泳池池底,事后头痛了几天,但除此之外他没有别的异常感觉。大约 3 年之后,他的双脚开始隐隐作痛。史密斯去看足疾专科医生,他怀疑史密斯长了摩顿氏神经瘤——常常在妇女脚部发现的肿瘤。史密斯问医生这病是怎么来的,他耸耸肩,自发的。后来史密斯因为耳痛去看医生,医生无意中找到了罪魁祸首——他中耳中有一个小瘤。医生开刀切除了肿瘤,他以为问题就此完全解决了,谁知那竟是多次假痊愈的第一次。4 年后,史密斯觉得眼角有轻微麻木的感觉。医生替他做了电脑 X 射线分层扫描检查,发现这个"小症状"其实很严重:原来的肿瘤复生了,而且比以前更大;原来的瘤是长在耳道里的,现在这个瘤却偎偎着脑组织。史密斯又动了一次手术,症状再一次消失了。又过了 4 年,这时史密斯正在撰写杰克森·波洛克的传记。一天,他去参加圣诞节宴会,他端起一杯果汁甜酒举到唇边的时候,那深红色的酒竟顺着下巴淌到衬衫上去了,原来他的右脸麻痹了!

几天后,史密斯在旅馆房间里看电视上的气象预报,考虑如何与命运搏斗。同一天,他开始了一个至今尚未停止的学习过程。在动笔写波洛克的传记以前,他和这本书的联合撰写人决定四处采访，广泛搜集资料，尽量多了解这位画家，他们找到了各种各样独特有趣的新资料。史密斯想："为什么我不用同样的做法去对付这个致命的怪瘤呢？"

史密斯的第一步计划是去找寻国内乃至世界上所有善于医治这种病的一流医生。医生所服务的医院是否有名、他们曾就读于什么学校、治疗过哪些名人，他全不计较。他关心的只是他们是否治疗过这种病。终于，他找到了弗吉尼亚大学医学院的维恩科·多兰克医生，经他开刀的病人差不多全部活了下来，史密斯后来也成了其中之一。

在手术后的几星期，扫描图显示肿瘤缩小了一半，他麻痹的右脸也大部分复原了。他继续工作，把波洛克传记写完了，后来还得到了一项传记文学奖。

成 长 智 慧

许多人面对突如其来的打击，往往陷入一种宿命的状态，他们认为自己没有和上天抗争的能力，只好任事态发展下去。其实，很多时候，很多事都像天气预报，只有90%发生的可能性，我们没有必要自暴自弃。换种心态，往往会出现奇迹。

只有投入成功的资本,才能产出相应的成功

凡事欲其成功,必要付出代价:奋斗。——爱默生

16世纪早期,柏里斯出生在法国南部。他的父亲是个玻璃制造工人,因此他的家境相当贫寒。柏里斯没能上学,但他从小受父亲的熏陶,学会了玻璃装饰这门手艺,还学会了在玻璃上制图、绘画以及读书、写作。

柏里斯18岁出门谋生,找了一份玻璃行业的工作,业余时间他兼职从事土地测量。后来他到了东查热特城的圣特镇,并在那里结婚生子,定居下来。为了养家,他勤奋工作,但仍入不敷出。为了获得更多的收入,他想到了彩陶绘画技艺。他对制陶工艺一无所知,又不能舍下妻女去意大利拜师学艺,他只能靠自学,从零开始,一点一滴地独自在黑暗中摸索,希望弄清陶瓷制作和上釉的全部过程。他先从研究制作陶瓷所用的材料开始。他买来一些陶罐,捣碎弄成粉末,加上自己制作的化合物,放进陶窑里烧,结果实验失败了。接下来就是一次又一次的实验,一次又一次的失败,大量的时间、人力、物力、财力,全都浪费在了这些徒劳的实验里。一连几年,柏里斯都在不停地实验,他烧掉了大量的木材,浪费了更多的药剂、土罐,最后,家里穷得连下锅的米都没有了。这时,他不得不去从事以前的行业,在玻璃上画画,测

量土地，以维持生计。但他对制陶仍不死心，为了节省燃料，他把那些陶瓷碎片抱到附近一家砖窑里烧制，结果还是失败了。面对一次次的失败，柏里斯没有被击倒，他决定重新开始。他把新买的陶器捣碎，加入新配制的原料，拿到附近一个玻璃熔炉里去烧。玻璃炉的高温熔化了一些原料，但柏里斯向往的白瓷仍没烧成，他又一次失败了。

后来的两年当中，尽管他家里穷得连盐都吃不上了，但他仍以高度的热情从事陶制品的烧制工作，他决心做一次更大的实验。他把300多块陶瓷碎片撒上自己配制的原料，送进烧制玻璃的熔炉，经过4个多小时的烧制，300多块陶片当中居然有一块上面的原料熔化了，陶瓷冷却后像玉一样洁白发亮。见到这块洁白的陶瓷，柏里斯哭了。这次小小的成功促使他继续从事更大的实验。

为了取得更大的成功，柏里斯用了8个月的时间，专门建了一个烧制玻璃的熔炉。他制成了许多陶制模子，经过初步烧制后，涂上釉药化合物，放进了炉子里。他把家里所有的钱全都用来买木柴。点燃熔炉后，他整天整夜坐在熔炉旁边，往里加柴。第一天过去了，釉药没有熔化。第二天过去了，釉药还是没有熔化。第三天过去了，釉药还是老样子，柏里斯憔悴万分，他面色苍白，走路晃来晃去，随时都有可能倒下，但他咬牙坚持着。第四天过去了，第五天、第六天也过去了，连续六个日日夜夜过去后，釉药丝毫没有变化！柏里斯几乎要绝望了，他在绝望之余，突然想起他研制的釉药可能有问题，于是他重新配制新的原料，重新开始实验。可是他已经倾家荡产了，哪来的钱买陶罐和木柴呢？尽管他的妻子和邻居们都骂他疯了，他竟为那些无益的实验枉费钱财,但最后每家还是为他凑了一点钱,加上柏里斯从一个朋友那里借来的钱,他重又买来许多陶罐和木柴,投入了实验。

熔炉点燃了,木柴熊熊燃烧,炉温急剧上升,但釉药毫无动静。所有的木柴都烧完了,釉药还没熔化。熔炉里的火即将熄灭,整个实验又将前功尽弃,这时柏里斯想到了花园里的木栅,他奔向花园,把所有的木栅栏全都拔了出来,扔进炉子里,釉药还不熔化。可怜的柏里斯真是疯了,他把家里凡是能烧的东西全都砸断,扔进了炉子里。他的妻子和儿女哭着跑到大街上,眼看着家里的一切顷刻间化为灰烬。所幸的是,最后一道火力终于烧熔了釉药。炉火熄灭,那些进炉前粗糙难看的普通陶罐从炉里出来冷却后,通体全都覆盖着一层均匀细密、洁白如玉的釉面!他高兴得手舞足蹈,喊叫着冲上了大街。

柏里斯终于成功了!

成长智慧

我们知道,有投入才会有产出,在正常情况下,投入和产出是成正比的。对于成功而言,也是如此。要想获得成功,就必须投入成功的资本——精力、物力、财力等,甚至是要不断地投入。只有不断地投入时间、精力、财力、物力等,才能产出相应的成功。

别向苦难妥协，因为梦想常与苦难同行

苦难是人生的老师。——巴尔扎克

莫扎特虽然很小就显示出了非凡的音乐才能，但是，随着年龄的增长，作品的日益成熟，等待他的却是贫困和压迫。他那些严肃的、带有进步思想的作品，越来越不为追求浮华的贵族们所接受。22岁以前，莫扎特两次旅行求职，都没有成功，他不得不返回萨尔斯堡当宫廷乐师。新任的萨尔斯堡大公十分专横，音乐家在他的眼里连厨师的地位都不如。他给莫扎特规定了两条：一、不准到任何地方去演出；二、没有主教允许不得离开萨尔斯堡。每天清晨，他让莫扎特和其他仆人一起坐在走廊里等待分派当天的工作，并把莫扎特当作杂役使用。

1780年，无法在家乡忍受屈辱生活的莫扎特来到了维也纳，开始了他一生中音乐创作最辉煌的时期。他虽获得了自由，但接踵而来的便是贫困。为此，他工作十分勤奋，每天很早起床作曲，白天当家庭教师，晚上是繁重的演出活动，回来后再接着创作乐曲，直写到手累得拿不起笔为止。

26岁的莫扎特成家之后，生活依旧非常贫困。有了子女之后，更是难以糊口，全家生活在饥寒交迫之中。为了改变这种处境，莫扎特经常饿着肚子，拖着疲惫的身躯举行长时间、超负荷的音

乐演奏会，只要挣了一点钱，他总是迫不及待地买些食物，急匆匆地赶回家让全家人吃上一顿饱饭。看着自己幼小的孩子和孱弱的妻子吃饭时狼吞虎咽的样子，莫扎特多少次难禁热泪，他叩问上天，为什么在追求梦想的过程中，要付出如此沉重的代价？

很多时候，贵族们也会"慷慨"地施舍一些财物给莫扎特，但是他们的施舍是有目的的，他们希望听到莫扎特为他们演奏歌舞升平的靡靡之音，可是莫扎特并不妥协，他深信：真正的音乐应代表人民的心声，即使饿死，他也决不背叛自己的梦想！虚荣心得不到满足的贵族们于是恼羞成怒，他们讥笑他说："你这个穷小子也有梦想？哼，梦想救不了你，总有一天，你会饿着肚皮来乞求我们的施舍。"

就是在这样的逆境中，莫扎特却仍不丧失高尚的情操。他鄙视那些仰人鼻息的乐匠，他始终坚持自己的艺术思想。正是在他生活最困苦的时期，他创作了《费加罗的婚礼》《唐·璜》《魔笛》等著名的歌剧。

成 长 智 慧

每个成功的人背后，都有着不为人知的奋斗史。坚信自己的选择，全力以赴地追求梦想，才有成功的可能。梦想往往与苦难同行，面对苦难时，只有不妥协，才能实现梦想，并最终取得辉煌的成就。

真金不怕火炼,时间会证明一切

患难与困苦是磨炼人格的最高学府。——苏格拉底

一般写作的新手或多或少都患有不同程度的退稿恐惧症,的确如此,没有什么比一纸退票更令人汗颜,令人沮丧的了。实际上,世界上许多名家大师的传世畅销之作,在开始时都难逃退稿的厄运。但是,佳作仍是佳作,大师之所以为大师,贵就贵在他们锲而不舍的精神。下面是世界上一些先被退回,后来得以出版的传世畅销之作以及作者其人和退稿信的内容:

(1) 杰克·伦敦,美国著名批判现实主义作家。

作品:《生活的法则》

退稿时间:1900年

退稿信:令人生畏,使人沮丧。

(2) 赫尔曼·麦尔维尔,美国浪漫主义小说最重要的代表作家。

作品:《白鲸》

退稿时间:1851年

退稿信:十分遗憾,我等一致反对出版大作,因为此小说根本不可能赢得广大青少年读者的青睐。作品又臭又长,徒有其名而已。

(3) 约瑟夫·罗德雅德·吉卜林,英国第一位荣膺诺贝尔文

学奖的名作家。

作品：《无题》

退稿时间：1889 年

退稿信：很抱歉，吉卜林先生，您根本不知道怎样使用英语写作！

(4) 福楼拜，法国著名小说家。

作品：《包法利夫人》

退稿时间：1856 年

退稿信：整部作品被一大堆甚为精彩但过于繁复累赘的细节描写所淹没。

(5) 约翰·多斯·帕索斯，美国 20 世纪 30 年代著名作家。

作品：《伟大的日子》

退稿时间：1958 年

退稿信：我对书中那些与情节无甚关联的细节描写深恶痛绝。

(6) 安妮·弗兰克，德国犹太女作家。弗兰克在推翻纳粹政权后将自己的亲身经历记录成书，译成 30 多种文字，畅销全球。

作品：《密室》即《安妮·弗兰克日记》。

退稿时间：1952 年

退稿信：姑娘，恕我直言，你似乎缺乏一种将你的作品提高到比"新奇"更高一个层次的能力。

(7) 弗拉迪米尔·纳博科夫，生于俄国的美国后现代派小说家兼诗人，成名作为《洛丽泰》。

作品：《洛丽泰》

退稿时间：1955年

退稿信：小说荒诞绝伦，与精神病人的梦呓别无二致，且情节安排上纠缠不清……作者竟厚颜之至，要求出版此书，我对此大为惊讶。我看不出出版此书有何益处，我建议将手稿埋入地下1000年。

(8) 威廉·福克纳，美国作家，1949年获诺贝尔文学奖，1951年获美国全国图书奖，1955年和1963年两次获普利策奖。

作品：《圣殿》（该书后来成为作者最为畅销的作品）

退稿时间：1931年

退稿信：我的天，我可不敢将手稿变成铅字，否则，你我两人都难逃法网。

成长智慧

对于来自别人的否定，甚至是嘲讽和挖苦，我们要有自己坚定的信念。马克思曾说过："生活就像海洋，只有意志坚强的人，才能到达彼岸。"只要自己是对的，是有实力的，就要继续做下去。真金不怕火炼，时间会证明一切。

第四章

这世上最靠得住的东西，是智慧和本领

一个人想生存和发展，就必须要有靠得住的东西。在这个世界上，最靠得住的东西，不是金钱，也不是权势，而是智慧与本领。对于我们每个人来说，只有智慧与本领才是世上最有用、最长久的东西。

拥有理论并不重要，重要的是实际运用

青年是学习智慧的时期，中年是付诸实践的时期。——卢梭

在森林里，住着一只见识广博、满腹经纶、颇有地位的狐狸。这只狐狸熟读理论，常以专家自居，它喜欢滔滔不绝地发表长篇大论。

有一天，它外出遇上一只从森林外边来的小花猫，小花猫仰慕这只狐狸"才高八斗"，因此便向其虚心请教。

小花猫问道："尊敬的狐狸先生，近来生活困难，您是怎样度过的？"

狐狸说："什么？你这只可怜的小花猫，你每天只会捉老鼠，你有什么资格问我如何生活？真不识抬举！你学过什么本领？说来听听！"

小花猫很谦虚地说："我只学会一种本事。"

"什么本事？"

"如果有只狼狗向我扑来，我就会跳到树上逃生。"

"唉，这算什么本领？我可是精读百科全书，掌握上百种武术，我身边还有满袋的锦囊妙计呢！你太可怜了，让我教你逃脱狼狗追逐的绝招吧！"

说着狐狸想从袋子中寻找妙计。刚巧，这时一群猎人带了四

只猎狗迎面而来。小花猫敏捷地一纵身,跳上一棵树,躲藏在茂密的树叶中。小花猫大声向正在惊慌得不知所措的狐狸说:"狐狸先生,赶快解开你的锦囊,拿出脱身妙计来!"

语毕,四只猎狗已扑向狐狸,将它抓住了。

小花猫叹息道:"唉,狐狸先生,你会十八般武艺,却不会使一招半式。如果你像我一样懂得爬树,就不会落到这种凄惨的下场了!"

成 长 智 慧

很多人讲起理论来头头是道,自以为很了不起,但到了应用时却往往不知所措。其实,理论只是文字的堆砌,一个人拥有多少理论并不重要,重要的是能够在实际中运用。

每个人的智商都不同,但世界上没有笨蛋

什么是失败?无非是迈向更好境界的第一步。——温迪尔·菲利普斯

沃斯一直觉得生活很压抑。他父亲是一家大公司的总经理,而他自己只是个普通的学生,他甚至要在家庭教师的帮助下才勉强完成学习课程。

"我怎么办?为什么不能像父亲那样出色?"沃斯这样问自己。每天他都不快乐,因为他从未体验过成功的喜悦。

安妮是父亲为他请来的家庭教师,她很奇怪为什么沃斯总是沉默寡言。

"能告诉我你为什么不快乐吗?"安妮问道。

"我没有个性,也从没有获得过成功。"沃斯对安妮说,"你知道,我父亲是一个非常成功的人,而我作为他的儿子,却非常平凡。我对学习不感兴趣,几乎找不到可以让我感到自豪的事情。我是个笨蛋。"

"哦,沃斯,你听过一句话吗?"安妮问。

"什么话?"沃斯抬起了头,看着安妮。

"世界上没有笨蛋!"安妮说,"这是我的老师告诉我的,而我现在把这句话告诉你。"

"每个人的智商都不同,但上帝是公平的,或许你不擅长某些东西,但总有你擅长的,只不过有的时候,你自己没有发现而已。"安妮接着说,"所以你要去寻找你所擅长的,也就是你所感兴趣的东西。如果你愿意,我可以带你去一个好玩的地方。你一定还没有尝试过飞翔吧?"

"好吧,也许你说得对。"沃斯轻轻地说。

……

"好棒的感觉!"沃斯兴奋地对安妮说,"我擅长飞行,仿佛我天生就有这种本领。我把一切都投入到这疯狂的追求中,并由此获得了自信心。"沃斯终于找到了自己所擅长的东西,他也从此获得了自信和快乐。

"我知道自己不是一个才华横溢的人,但我有一个不同寻常的能力,我会飞翔。"他常常这么对别人说。

长大的沃斯后来接手了父亲的公司,并把公司带到了一个非常好的发展阶段,比他父亲经营时还要好。

成长智慧

很多人觉得自己很笨,没有取得什么成就,比起别人来差得很多。要知道,每个人的智商都不同,除了极少数智商特别高的人以外,大多数人的智商都相差无几。虽然每个人的智商都不同,但这个世界上没有笨蛋,因为每个人都有最擅长的一面。

要学习书本知识，也要学习一些生活常识

生活是欺骗不了的，一个人要生活得光明磊落。——冯雪峰

有个书呆子一天到晚只会待在家里看书，他什么事也不会干，每天过着饭来张口、衣来伸手的生活。

这天黄昏，妻子在地里干完活回家，见自家的鸡还没有归窝。她自己要忙着做饭，没工夫赶鸡回窝，就对丈夫说："我做饭，你去帮我把鸡都赶进窝去。"

丈夫答应了。他放下书本跑到外面，看到自家那几只鸡就连忙上去一阵猛赶，结果那几只鸡吓得惊慌失措，乱飞乱窜。书呆子只好停下来朝鸡扬起手慢慢示意叫它们回来，可是那几只鸡又停在那里东瞧西望。等那几只鸡安定下来要向北面走去时，书呆子赶忙上前将鸡拦住，鸡吓得一掉头又朝南边跑去，书呆子急了，又赶到鸡前将鸡拦住，鸡又重新掉头朝北跑去。就这样，他靠近鸡时，鸡吓得到处扑腾，他远离鸡时，鸡又停住不走。折腾到天都黑下来了，还有几只鸡依然没赶回窝。

妻子做好了饭，还不见丈夫赶鸡回家。她出屋一看，书呆子正无可奈何地站在那里，额头上还淌着汗。

妻子很是生气，教他说："应该这样赶鸡：在鸡安定的时候慢慢靠近它；如果它惊恐不安，你就扔点食物引诱它。不能像你

这样简单粗暴地乱赶一气，要慢慢引诱着赶。你尽量把鸡赶到熟悉的路上，让它慢慢安定下来，它自然而然就会直奔回窝了。这才是最好的赶鸡方法。"

书呆子恍然有所悟，说："想不到赶鸡也有学问，怎么书本上就见不到呢？"

成 长 智 慧

> 人生处处皆学问。我们需要学习的不仅仅是书本上的知识，还要学习生活中的一些常识。如果一个人只懂得书本知识而不懂得一些生活常识的话，就会变成一个地地道道的书呆子。

别被知识禁锢了头脑,有时尽信书不如无书

没有智慧的蛮力是没有什么价值的。——克雷洛夫

大草原,日上中天。一名南非动物学家和一头犀牛不期而遇。

动物学家一下慌了神,因为他知道犀牛一嗅到可疑的气味,便会往散发气味的地方狂奔过来,横冲直撞……

但见眼前这头犀牛在不断地摇头,动物学家紧皱的眉头一下又舒展开了。

牛背上的犀牛鸟焦急地提醒他:"我主人的脾气喜怒无常,你最好在它未动前先动,没命地逃吧!"

但见动物学家扬了扬手中的一本书,气定神闲地说:"放心吧,这不会有什么危险的。根据《犀牛习性科学研究指南大全》第十二章第十二节的分析,犀牛摇头无非有两大重要信号:

其一,摇头说明它对另一方没有敌意,它不会主动进攻另一方;

其二,摇头说明它可能见到了漂亮的异性,因发情而摇头。我是人,它不会连我也感兴趣吧?"

犀牛鸟刚要说什么,动物学家却立刻把食指竖在嘴前说:"安静!这正好让我和犀牛来一次近距离的'亲密接触'!"

接着,动物学家便神情自若地和犀牛"对峙"起来,双方相

持了一分钟，刚好是一分钟。六十一秒后，犀牛却突然猛冲过来，动物学家当场被顶了个狗啃屎，身上不知留下了多少处骨折。

动物学家倒在地上，吐着断牙，奄奄一息地说："怎么会这样？这书上明明说……"

犀牛鸟失望地摇摇头说："我来不及告诉你，主人刚才并未真正摇头，而是在驱赶钻入耳朵里的苍蝇……哎，尽信书不如无书，可怜啊……"

成 长 智 慧

尽信书不如无书。无论做什么事，我们都要有区别地对待，不能被固有的知识和经验禁锢了头脑。否则，只能在原地打转，很难有什么创新，某些时候甚至还会吃经验主义的苦头。

如果有什么事情值得去做，就得把它做好

名人名言

脚跟立定以后，你必须拿你的力量和技能，自己奋斗。——萧伯纳

沃尔特·克朗凯特是美国著名的电视新闻节目主持人，他从孩提时代起就开始对新闻感兴趣，并在14岁的时候，成为学校自办报纸《校园新闻》的小记者。

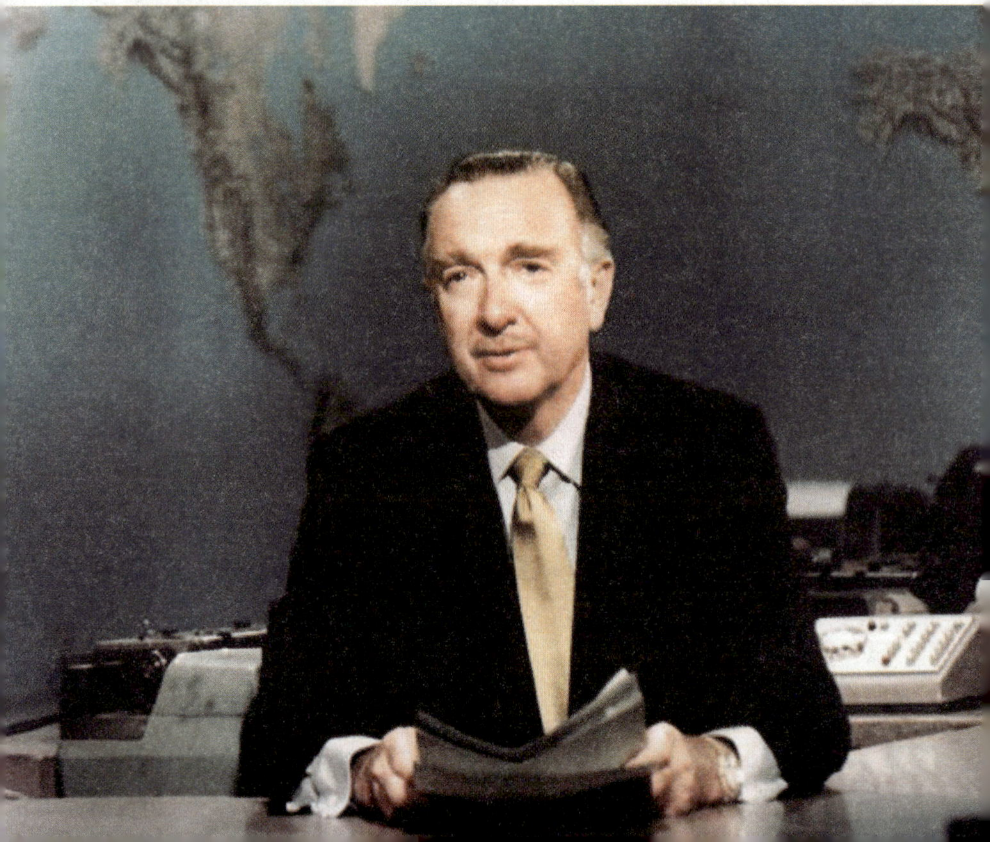

休斯敦市一家日报社的新闻编辑弗雷德·伯尼先生，每周都会到克朗凯特所在的学校讲授一个小时的新闻课程，并指导《校园新闻》报的编辑工作。

有一次，克朗凯特负责采写一篇关于学校田径教练卡普·哈丁的文章。由于当天有一个同学聚会，于是克朗凯特敷衍了事地写了篇稿子交了上去。

第二天，弗雷德把克朗凯特叫到办公室，指着那篇文章说："克朗凯特，这篇文章很糟糕，你没有问他该问的问题，也没有对他做全面的报道，你甚至没有搞清楚他是干什么的。"

接着，他又说了一句令克朗凯特终生难忘的话："克朗凯特，你要记住一点，如果有什么事情值得去做，就得把它做好。"

在此后70多年的新闻职业生涯中，克朗凯特始终牢记着弗雷德先生的教导，始终对新闻事业忠贞不渝。

成 长 智 慧

一个人要想成功必须要有专一的目标，明确哪些事情是值得做的，哪些事情是不值得做的，并把值得做的事情做好。只有这样，我们才能保证不偏离目标，直到获得成功。

要虚心地听取别人的意见,不要总自以为是

人之所以犯错,不是因为他们不懂,而是因为他们自以为什么都懂。——卢梭

鹰王和鹰后打算在密林深处定居下来,它们挑选了一棵又高又大、枝繁叶茂的橡树,在最高的一根树枝上开始筑巢,准备夏天在这儿孵养后代。

鼹鼠听到这个消息,大着胆子向鹰王提出警告:"这棵橡树可不是安全的住所,它的根几乎烂光了,随时都有倒掉的危险。你们最好不要在这儿筑巢。"

嘿,这真是咄咄怪事!老鹰还需要鼹鼠来提醒?你们这些躲在洞里的家伙,竟敢跑出来干涉鸟大王的事情?

鹰王根本听不进鼹鼠的劝告,它立刻动手筑巢,并且当天就住了进去。不久,鹰后孵出了一窝可爱的小家伙。

一天早晨,正当太阳升起来的时候,外出打猎的鹰王带着丰盛的早餐飞回家来。然而,那棵橡树已经倒掉了,它年幼的子女都已经摔死了。

看见眼前的情景,鹰王悲痛不已,它放声大哭道:"我多么不幸啊!我把最好的忠告当成了耳边风,所以,命运就给予我这样严厉的惩罚。我从来不曾料到,一只鼹鼠的警告竟会是这样准确,

真是怪事！真是怪事！"

"轻视从下面来的忠告是愚蠢的，"谦恭的鼹鼠答道，"你想一想，我就在地底下打洞，和树根十分接近，树根是好是坏，有谁还会比我知道得更清楚呢？"

成长智慧

不要总认为自己高高在上，无所不能，更不能目空一切，听不进去别人的忠告。即使你有纵览全局的雄才大略，相对来说，别人只能做一些微不足道的小事，但尺有所短，寸有所长，一个人再有能力，也有失策的时候，虚心地听取别人的意见永远不会错。

要想巩固偶尔的成功，必须要不间断地苦练本领

奋斗以求改善生活，是可敬的行为。——茅盾

斑马埃里克在一次逃避狮子的袭击中，本能地向后一踢，恰好踢中了狮子的额头，狮子应声倒地，一会儿工夫就一命呜呼了。于是群马都认为埃里克是上帝派来保护马群的天马，在大家的推崇下，埃里克成了马群的领袖。狮子们也都不敢贸然前去找埃里克的麻烦。

一年后，埃里克在幸福安逸中发福了。它庞大的体形配上油光发亮的毛皮，让大家一眼就知道它是"马中至尊"，加上它慢悠悠的走路姿态，十足的领袖派头。

一天，一头流浪的狮子来到了这里，见到斑马群它垂涎三尺。它搜觅了一下，见弱者不少，但不是骨瘦如柴，就是小如羔羊，实在不能满足自己的胃口。正犹豫不定时，它的眼睛突然一亮，一匹体态臃肿、油光发亮，走路胜似闲庭信步的斑马吸引了它的视线。凭它的判断，这匹马虽不年迈，但绝对没有奔跑力。想到这里，这头流浪的狮子喜出望外，于是它一纵身向那匹它看好的斑马扑去。

埃里克也已发现这头狮子向它袭来，除了加快速度夺路逃窜之外，它还凭借曾经踢死一头狮子的历史经验，抬高后腿频频

地向狮子踢去,可这头狮子一偏头狡猾地躲过去了,并趁埃里克放慢了速度之际,一口咬断了它的喉管。众斑马见它们的领袖被一头狮子未费吹灰之力就捕获了,个个停止奔跑瞪起了惊恐的眼睛。

成 长 智 慧

　　偶然的成功算不了什么,要想拥有真本事,我们还得在生存的过程中,不间断地总结经验和教训,不间断地苦练本领,只有这样才能夯实自己生存和发展的基础。否则,偶然的绝妙成功或许就是将来永远的失败。

无论从事哪个行当,有了智慧就有了财富

一盎司自己的智慧抵得上一吨别人的智慧。——斯特恩

在两次世界大战期间,几乎没有人比阿伯特·戴维森的谋生方式更奇异的了。故事得从他拒绝向乞丐施舍一个硬币说起。

"赏个小钱吧,先生。"一天,一个流浪汉向他乞讨。

当时的戴维森是个演员,他已经失业很长时间了,因此他没好气地说:"别纠缠我,我也是身无分文。"

在乞丐转身走开时,戴维森发现他失去了左臂,但是脸色红润,衣着一点也不破烂。

"等一等,"戴维森把他叫住,问:"你知道我为什么一个子儿也不给你吗?"

乞丐不解地摇了摇头。

"因为你看上去境况比我还要好,"戴维森告诉他,"你跟我来。"

回到住所,戴维森拿出自己的化妆盒,开始朝那人的脸上涂抹油彩,一会儿工夫,那人就有了一副苍白的面容,脸上呈现出憔悴的皱纹,头发也被剪得乱蓬蓬的。

"你昨天挣了几个钱?"戴维森问。

"4元。"

"那好，去试试今天能否多挣几个。"

两天后，这个乞丐来到戴维森的住所，交给他5元钱。化装后的第一天，他挣了30元钱，这个数目近乎他从前最高所得的7倍。

没过多久，其他乞丐也纷纷前来求助于戴维森。

戴维森向每个人收费2元。他把他们装扮成孤独凄苦和绝望无助的样子，提示他们恰当掌握哀诉的嗓音。

在头一个月里，他每天给18个乞丐常客化装。一年工夫，他搬进了一所大房子，有了一部小汽车和一大笔银行存款。一连16年，他忘记了自己当演员的生涯，接触了成千上万的纽约乞丐。后来有一天，纽约市政厅向乞丐颁布了一项禁令，这是一个不明智之举，因为这些人全是选民。

有一次，2万多名乞丐在布朗克斯举行集会，这些人中约有17000人是或曾经是戴维森的顾客。他们的首席发言人在会上宣布："我们需要的是能为我们说话的受过教育的人。"有人提议阿伯特·戴维森就是他们需要的那个人，该提议得到了一致通过，戴维森就这样成了纽约市乞丐协会的秘书长。

戴维森曾经承认，他从未想过这种指点乞丐行讨的行当，会像滚雪球似的越滚越大。这样干了几个月后，他发现自己再难独撑下去，因此不得不请几位演员同伴来做帮手。

成长智慧

可以说，智慧是财富之源。一个人只要拥有了智慧，无论从事哪个行当，他都能赚取财富。动用一下智慧，在每个行当中，都有一些窍门可寻。

不要胡乱地学习本领,应该有选择地学

学本领要有所选择,否则等于白白耗费生命。——托·富勒

森林之王狮子喜得贵子,转眼之间小狮子就渐渐地长大了。

这一年,狮王总在不断地考虑:怎样才能确保自己的儿子不是笨蛋,皇家的声望不受玷污,当儿子像他一样执政的时候,他的子民们不会因为太子的缘故责备父王,而且,自己该请求,雇佣,或强迫谁来把国王的本领好好地教给这孩子呢?

托付给狐狸吗?狐狸是聪明的,然而它却老爱撒谎!跟撒谎的人打交道,那可要搞出乱子来的。或许鼹鼠合适些?经常听说鼹鼠的屋子里是井井有条的,没有勘探过的地方,它决不走动一步,食桌上摆的每一粒谷子,都是它亲手弄干净研磨过的。总而言之,据报告所说,鼹鼠是做小事情的大能手。且慢!据说,它对于近在眼前的事物是目光锐利的,然而它能看得到一码以外的事物吗?鼹鼠的制度是好的,但对狮子可不合适,狮子的王国是远胜于鼹鼠的。那么,为什么不让豹子来试试呢?豹子又勇敢又强壮,豹子能够整天给小狮子讲战略。然而,政治——豹子可就不大明白了,那么豹子在如何治理国家方面还能教它些什么呢?一个国王必须既是政治家,又是法官,还要是战士,而豹子真正擅长的就只有

作战。国王的儿子是不宜受豹子教育的。

总而言之，狮王把所有的野兽都考虑了一遍，甚至大象也被考虑过了。但在狮王看来，所有的野兽都是聪明有限，愚笨透顶。

且说对他的邻国抱有深厚友谊的鹰王，知道了狮子大王的苦恼，就决意要为它的朋友排忧解难，他要求亲自教育小狮子。狮王高兴得几乎要跳起来，由一位国王来做儿子的老师，那不是空前绝后的大造化吗？

于是狮王高高兴兴地给儿子准备行装，安排他出国留学。一年、两年过去了。在那些日子里，狮王听到的全是对小狮子的赞美之词。"他一天比一天聪明，"鸟儿们一致说道，"没有一个学者学习得那么迅速。"

小狮子终于毕业了，狮王派人去接它。小狮子回来了，狮王把所有的野兽都召集来。

大家坐好了，狮子大王拥抱了他的儿子，并且对他说道："亲爱的儿子，我极愿意让你接替我的王位，你先告诉我们，你学到了什么渊博的知识，你认为怎样才能为你的子民谋得幸福。"

"爸爸，"小狮子答道，"多谢您给了我这次学习的机会，我已经学到了你们之中没有一个人能懂得的学问：从老鹰到鹌鹑，各种各样的鸟，在什么地方能饲养得最好，它们最爱吃什么食物……鸟所必须学会的一切东西，我没有一件是不知道的。请您念念这张文凭上的评语吧！因此，如果您的意思是叫我管理这个国家，那么我就要叫我的子民们立刻建筑鸟巢。"

狮子大王仰天长叹,他的子民们也都流下了眼泪,议员们因为丢脸而低下了头。年老的狮王懊悔极了:他儿子的学习是徒劳无益的。

成长智慧

学了再多再高深的本领,如果将来用不上,也等于白学。所以,不要胡乱地学习本领,应该有选择地学——将来要从事什么工作,就应该学习什么样的本领。

第五章

许多看似复杂的事情，其实非常简单

不是所有的事情都是简单的，也不是所有的事情都是复杂的。有很多看起来极其复杂的事情，其实都很简单。看待事情的时候，不要把它往复杂了想，简单地想，简单地做，才是最自然最有效的。

有问题是因为活着,活着就会有问题

正是问题激发我们去学习,去实践,去观察。——鲍波尔

有个年轻人,有一段时间很烦恼,他常躲在酒吧里喝闷酒。一位调酒师小心地问他:"先生有什么困难吗?说说看,也许我能帮上忙。"

那个年轻人喝尽了最后一口酒,冷冷地看了调酒师一眼:"我的问题太多了,没有人能为我解决,而且简单解释不了。"

调酒师微笑着说:"我在这里已经工作10年了,我15岁就出来打天下,我也有过你这种感觉,后来一位高人指点过我,明天,我带你去一个地方,他曾带我去过那儿……"

第二天下午,他们如约出发了。

那地方原来是座陵园。

调酒师指着一座坟墓说:"躺在这里是没有问题的,不管你的问题有多少,只要能活下去,就有解决问题的希望。"

而所谓的"高人",就是他所在酒吧的老板。"高人"曾自杀过,在与死神握手时,他醒悟了,死都不怕还怕活吗?他有一句名言:每一棵树的枝叶都是它的问题,但也是一棵树的全部。

年轻人很客气地回应说,这些道理他也懂,但就是无法摆脱烦恼。调酒师说,其实说明人不会只想着如何解决问题。有时产生新问题是处理旧问题的最好办法,比如当有人问你一个你不愿回答的问题时,你可以微笑着问:"你为什么想知道这个呢?"

这时,年轻人笑了:"我明白了。"

成 长 智 慧

人生就是一个问题接着一个问题,有问题是因为我们活着,活着就会有问题。这如同打毛衣,一个结接着一个结,最后竟会成为一件杰作,即使有打不完的结,也是一种乐趣。

减轻负担的最好方法,就是忘记负担的存在

名人名言

生活最沉重的负担不是工作,而是无聊。——罗曼·罗兰

镜虚禅师带着他的弟子满空云游四方。满空刚出家不久,还不习惯这样在外面行走,他觉得太累了。

一路上,满空不住地嘀咕,嫌行囊太重,想找个地方歇歇脚。而镜虚禅师却总是说:"再走一会儿吧,再走一会儿吧。"但走了半天,镜虚禅师不仅不歇,反而越走越快,满空跟在后面,累得气喘吁吁。

师徒俩走了好长一段山路后,进入了一个村庄,满空说:"师傅,咱们在这里休息一下吧?再走我就累死了。"

正在这时,一个妇女迎面走来,镜虚禅师赶忙跑过去,抓住了妇女的双手。妇女吓坏了,尖声大叫:"救命啊!非礼啊!老和尚非礼啊!"

妇女的家人和邻居听到声音,急忙赶来,一看到这种情况,都非常生气。镜虚禅师见势不妙,赶紧松手,撒腿就跑。满空也被吓坏了,他背起行囊跟在师傅后边,飞也似的跑了起来。

师徒俩一路狂奔,一刻也不敢停,顷刻间便跑过了几条山路。二人回头看看没人追来,便一屁股坐了下来。

满空擦了擦额头上的汗,生气地埋怨道:"师傅,没想到您

竟会做出这样的事情。跟您学习，我还能参禅悟道吗？我还是回家算了。"

谁知镜虚禅师听了不仅不生气，还嘿嘿地笑了一下，问道："现在，你背上的行囊还重吗？"

满空回头一看，顿时明白了师傅的用意。

成 长 智 慧

我们越是想着沉重的负担，就越是觉得不堪重负。相反，如果我们能够把心思转移一下，放在别的事情上，不再时时关注自己的负担，就会忽视了它的存在，从而使自己变得轻松。

有些东西虽然小，但可以起大作用

有些东西小，但却有大用处。——兰格伦

传说明朝时，有一年武宗皇帝过生日，发生了一桩轰动朝野的事。

那天上午，午门外文武百官都到齐了，掌宫宦官刘瑾也骑着匹枣红色的高头大马来了。皇帝因刘瑾是自己奶娘的儿子，又因他嘴比蜜糖还甜，竟封他为"九千岁"，可没想到刘瑾竟然想篡位自己当"万岁"。刘瑾的野心只有一人看出来了，这人便是曾当过皇帝老师的何塘。

这天，何塘又偷偷地观察刘瑾，他发现刘瑾下马时，大红的朝服里竟然露出黄色的提花锦绣龙袍。何塘暗想："不好！这龙袍只有皇帝才能穿，莫非刘瑾今天要动手篡位了？"这时他快步跟上前去，故意装出不小心的样子踢了一下刘瑾的衣角，那龙袍的一角又显露了出来。想了一会，何塘决定用计让他显出原形。

在皇帝设的宴会上，文武百官按官职大小依次给皇帝拜寿，然后分头入席。正当官殿里一片忙碌的时候，何塘乘机把一只龙杯藏到自己身上。太监分到最后，发现少了一只九龙杯，就四处寻找。何塘故意大声嚷嚷："谁拿了九龙杯？还不赶快交出来，不交就要搜身啦！"刘瑾心里有鬼，不敢让搜。他说："为一只杯子，何必弄得满城风雨，再去拿一只来，不就得了吗？""九千岁，您如果没藏杯，怕什么呢？"何塘说完，朝皇帝磕头拜了一下，又说："这样吧，先从万岁搜起，从上到下，挨个搜。"皇帝见他的老师连连给他使眼色，好像在暗示什么，他就站起身来，解开龙袍让大家看了一遍。搜罢皇帝，何塘问："现在该搜谁啦？"大家异口同声地说："九千岁！"刘瑾顿时变了脸，大家就更怀疑九龙杯是他拿的，吵吵嚷嚷地非搜不可，刘瑾只好让何塘来搜。谁想朝服一解开，里面竟是只有皇帝才能穿的赭黄龙袍，大家都愣住了。

刘瑾见自己的野心败露，杀气腾腾地从自己的袖筒里抽出一把短刀，向皇帝猛扑过去。早有准备的何塘，一脚把刘瑾绊倒，接着一脚踩住了他握着尖刀的手。金銮殿上一片混乱，皇帝吓得尖叫道："快，快把他打死！"御林军早就冲上来了，他们按住刘瑾一顿乱打，一会儿，就把他打得断了气。

这时，何塘才从怀里掏出九龙杯说："我藏杯，就是为了除奸啊！"

成长智慧

有些东西虽然小，但是却可以起大作用，一个小物件通常可以引出一件大事情。某些大事情，也会因为一些小细节而成功或惨遭失败。所以，不要小看了那些所谓的小东西或小细节，它们很可能会成为成败的关键所在。

不愿接受别人忠告的人，迟早是要吃苦头的

别人的忠告是个好东西，要好好收下。——麦考莱

有一对夫妻，住在鲁国的京城里。男的编得一手好草鞋，女的织得一手好麻布，男编女织，勤勤恳恳，小日子过得挺美满。

有一天，他们听人说，越国那个地方风调雨顺，五谷丰登，是个粮米之乡，人们生活得很富裕，于是他们就决定把家搬到越国去。

邻居们听说他俩要搬家，便好心好意地来劝说："在这里生活得就蛮好嘛，为什么要搬到越国去呢？""搬到别国，举目无亲，各方面都不方便，就怕你们会搞得讨饭也找不到门儿。"

两口子听了很不高兴，不服气地说道："瞧你们说得多么可怕，我们俩会编草鞋，会织麻布，有这样过人的手艺，还愁发不了财？"

邻居耐心地继续劝道："你们在这里丰衣足食，就是凭着你们的好手艺。草鞋是供人穿的，可是越国那地方，遍地都是水，越国的人从小就是光着脚板走路，从来是不穿鞋的。麻布呢，是供人做帽子戴的，可是越国经常下暴雨，那里的人个个蓬头披发，谁见过越国人戴帽子吗？你们搬到那里，没法施展自己的手艺，怎么能维持生活呢？"

可是，这对夫妻对于别人的忠告，一句也听不进去，他们最后还是把家搬到了越国。到了越国以后，夫妻俩比在鲁国更加勤劳。男的每天天不亮就起来编草鞋，女的半夜还在"咔嗒咔嗒"地织麻布。编出的草鞋，在屋里堆积得像一座小山；织出的麻布，也摞得快顶住了天花板。但却没有人来问价钱，也没有一个人要出钱买他们这些东西，他们的生活陷入了窘境。

最后，夫妻俩只得收拾行李，又重新搬回鲁国去了。

成 长 智 慧

我们无论做什么事情，都要听一下周围人的意见，不要一意孤行。要知道，一个人所知道的事情毕竟是有限的，而大家知道的事情才是无限的。所以，听听大家的忠告，对我们是非常有帮助的。如果一个人谁的忠告都不听，只按自己的意愿办事，那么，迟早是要吃苦头的。

无论做什么工作,我们都要严于律己

内不欺己,外不欺人。——弘一大师

当巴西海顺远洋运输公司派出的救援船到达出事地点时,"环大西洋"号海轮已经消失了,21名船员不见了,海面上只有一个救生电台正在有节奏地发着求救的摩氏码。救援人员看着平静的大海发呆,谁也不明白在这个海况极好的地方到底发生了什么,从而导致这条最先进的船沉没。这时有人发现电台下面绑着一个密封的瓶子,打开瓶子,里面有一张纸条。21种笔迹,上面这样写着:

一水理查德:3月21日,我在奥克兰港私自买了一个台灯,想给妻子写信时用。

二副瑟曼:我看见查理德拿着台灯回船,说了句这个台灯底座轻,船晃时别让它倒下来,但没干涉。

三副帕蒂:3月21日下午船离港,我发现救生筏施放有问题,就将救生筏绑在架子上。

二水戴维斯:离港检查时,发现水手区的闭门器损坏,我用铁丝将门绑牢。

二管安特耳:我检查消防设施时,发现水手区的消防栓锈蚀,心想还有几天就到码头了,到时候再换。

船长麦凯姆：起航时，工作繁忙，没有看甲板部和轮机部的安全检查报告。

机匠丹尼尔：3月23日上午，理查德和苏勒的房间消防探头连续报警。我和瓦尔特进去后，未发现火苗，判定探头误报警，拆掉探头后将它交给惠特曼，要求换新的。

机匠瓦尔特：我就是瓦尔特。

大管轮惠特曼：我说正忙着，等一会儿拿给你们。

服务生斯科尼：3月23日13点，我到理查德房间找他，他不在，坐了一会儿，随手拿开了他的台灯。

大副克姆普：3月23日13点半，我和苏勒进行安全巡视，没有进理查德和苏勒的房间，说了句"你们的房间自己进去看看吧"。

一水苏勒：我笑了笑，也没有进房间，跟在克姆普后面。

机电长科恩：3月23日14点，我发现跳闸了，因为这是以前也出现过的现象，没多想，就将闸合上了，没有查明原因。

三管轮马辛：感到空气不好，先打电话到厨房，证明没有问题后，就让机匠打开通风阀。

大厨史若：我接马辛电话时，开玩笑说："我们这里有什么问题？你还不来帮我们做饭？"然后问乌苏拉："我们这里都安全吧？"

二厨乌苏拉：我回答，我也感觉空气不好，但我觉得我们这里很安全，就继续做饭。

机匠努波：我接到马辛电话后，打开通风阀。

管事戴思蒙：14点半，我召集所有不在岗位的人到厨房帮忙做饭，晚上会餐。

医生莫里斯：我没有巡诊。

电工荷尔因：晚上我值班时跑进了餐厅。

最后是船长麦凯姆写的话：19点半发现火灾时，理查德和苏勒的房间已经烧穿，一切糟糕透了，我们没有办法控制火情，而且火越烧越大，直到整条船上都是火。我们每个人都犯了一点错，但酿成了船毁人亡的大错。

看完这张绝笔纸条，救援人员谁也没有说话，海面上死一样的寂静，大家仿佛清晰地看到了整个死亡的过程。

成 长 智 慧

"千里之堤，溃于蚁穴。"对于一个集体来说，一个人哪怕只犯一点小小的错误，但由于人多，小错误就会变成大错误，甚至酿成大祸。因此，无论做什么工作，我们都要严于律己，千万不可马虎大意。

不守规矩的人，一定会在规矩上栽跟头

名人名言

无规无矩的人，迟早要付出惨痛的代价。——大仲马

约翰又一次将车送到城里一家大的经销商那里维修。取车时，负责接待的小姐告诉他修理费达数百美元。

约翰说道："好吧，不过我要先试车，看看是否真的修好了。"

"可以，不过，您要先付修理费，才能把车开走。"

对他们公司来说，约翰可是位大客户，他私人每隔几年就从这里购买一辆新车。此外，约翰供职的集团每年也经他的手从这里购买四五辆车。为此，该经销商专门指派一名销售人员对其跟踪服务。

接待小姐对他的情况一清二楚，所以当约翰听到让他先付费后取车时，简直难以置信。

"等一等，"他说道，"你是说，我不先付费，就不能把车开走？"

"十分抱歉，先生。可是，我不能坏了公司的规矩，"小姐说道，"这是公司的规定，我也毫无办法。"

小姐并非有意刁难，但如此做法的确让约翰不快。

约翰怒气冲冲地给经销商打电话，他吼道："你难道不相信我会付这区区一笔修理费吗？简直可笑！"经销商弄清事情的缘

由后,马上向他道歉,然后向他保证一定会尽快处理这件事情,并亲自将车交给了约翰。

这个经销商从此再也没有跟约翰做过生意,他断言:"约翰要不了多长时间就得卷铺盖回家,因为他已经变成一个没有规矩的人了。"

果然,没过多久,约翰因为回扣问题东窗事发,被炒了鱿鱼。这件事几乎让所有认识约翰的人大吃一惊,同时,也佩服经销商敏锐的感知力。

成长智慧

古人云:"无规矩不成方圆。"如果一个人做事不守规矩的话,那么,他很有可能会做出一些出轨的事情,而且,到最后他一定会在规矩上栽跟头。所以,无论我们干什么,都要按规矩办事。

相信自己是天才,你才会成为天才

名人名言

敢于冲撞命运才是天才。——雨果

麦琪是学期中间被调到这个学校的,校长要她当 4 年级 B 班的班主任,他说这个班级的学生"很特殊"。

第一天走进教室,麦琪就被吓了一跳:横飞的纸团、架在桌子上的脚、震耳欲聋的吵闹声……整个教室活像混乱的战场。麦琪翻开讲台上的点名册,看到上面记录着 20 个学生的 IQ(智商)分数:140、141、160……在美国,学生入小学都要测试智商,按智商分快慢班。正常人的智商在 130 左右。麦琪恍然大悟,噢!怪不得他们这么有精神头,原来小家伙们个个都是天才!麦琪为能接手这么高素质的班级而暗自庆幸。

刚开始,麦琪发现很多学生不交作业,即使交上来的也是潦草不堪,错误百出。麦琪找孩子们单独谈话。"凭你的高智商,没有理由不取得一流的成绩,你要把潜力发挥出来。"她对每个学生这样说。

整个学期里,麦琪不断地提醒同学们,不要浪费他们的聪明才智和特殊天赋。渐渐地,孩子们变得勤奋好学,他们的作业完成得既准确又富有创造力。

学期结束时,校长把麦琪叫到办公室。"你对这些孩子施了什么魔法？"他激动地问，"他们统考的成绩竟然比普通班的学生还好！"

"那很自然啊！他们的智商本来就比普通班学生的要高呀，您不是也说他们很特殊吗？"麦琪不解地问。

"我当时说 B 班学生特殊，是因为他们有的患情绪紊乱症，有的智商低下，需要特殊照顾。"

"那他们的 IQ 分数为什么这么高？"麦琪从文件夹里翻出点名册，递给校长。

"哦，你搞错了，这一栏是他们在体育场储物箱的号码。"原来这个学校的点名册，在一般学校标智商分数的地方，注的是储物箱号码。

麦琪听了，先是一愣，但随即笑道："如果一个人相信自己是天才，他就会成为天才。下学期，我还要把 B 班当天才班来教！"

成 长 智 慧

不管什么时候，你都要有自信，不管做什么事情，你都要认为自己能够做到最好。只要你拥有信心，再加上自身的努力，就一定会获得成功。记住，只要你相信自己是一个天才，那么，你才会成为一个天才。

无论自己多么出色，都别太把自己当回事

要有自信，但永远不要高看自己。——布封

布思·塔金顿是20世纪美国著名的小说家和剧作家，他的作品《伟大的安伯森斯》和《爱丽丝·亚当斯》均获得普利策奖。在塔金顿声名最鼎盛时期，他在多种场合讲述过这样一个故事。

那是在一个红十字会举办的艺术家作品展览会上，我作为特邀的嘉宾参加了展览会。期间,有两个十六七岁的女孩来到我面前，虔诚地向我索要签名。

"我没带自来水笔，用铅笔可以吗？"我其实知道她们不会拒绝，我只是想表现一下一个著名作家谦和地对待普通读者的大家风范。

"当然可以。"女孩们果然爽快地答应了,我看得出她们很兴奋,当然她们的兴奋也使我倍感欣慰。

一个女孩将她的非常精致的笔记本递给我，我取出铅笔，潇洒自如地写上了几句鼓励的话语，并签上我的名字。女孩看过我的签名后，眉头皱了起来，她仔细看了看我，问道："你不是罗伯特·查波斯啊？"

"不是，"我非常自负地告诉她，"我是布思·塔金顿,《爱丽丝·亚当斯》的作者，两次普利策奖获得者。"

女孩将头转向另外一个女孩，耸耸肩说道："玛丽，把你的橡皮借我用用。"

那一刻，我所有的自负和骄傲瞬间化为泡影。从此以后，我都时时刻刻告诫自己：无论自己多么出色，都别太把自己当回事。

成长智慧

不管我们取得了多么傲人的成绩，也不管我们拥有了多么响亮的名声，在某些人的眼中我们只不过是普通人而已。所以，无论自己多么的出色，都要把自负和骄傲收起来，不要太把自己当回事。

第六章

跨越阻挡你成功的障碍后，你会发现成功并不难

也许现在我们还很平凡，没有取得期待的成功，但只要向着目标前进，明天我们可能就会变得不同凡响。在人生的道路上，崛起的机会有很多，关键在于你能否坚定自己的信念并努力去做。当你跨越阻挡你成功的障碍后，你会发现成功并不难。

时时处处统筹兼顾,充分地利用一切资源

会用人会用物的人,才是真正的高人。——狄德罗

火海满天横流,吞噬了雄伟巍峨的官室楼台,吞噬了金碧辉煌的殿阁亭榭……几天几夜之后,那里变成了一片断垣残壁。这是公元1015年发生在北宋皇官里的一场罕见的大火。

在废墟上,宋真宗叹息道:"没有皇官,如何上朝,如何议政,如何安居呢?"他叫来宰相丁谓,令他负责皇官的修建工作。

丁谓接受任务后,在废墟上走来走去。他为遇到的三件难办的事而感到苦恼:一是盖皇官要很多泥土,可是京城中空地很少,取土要到郊外,路很远,得用很多的劳力;二是修建皇官还需要大批建筑材料,这些材料也要从外地运来,而汴河在郊外,离皇官很远,从码头运到皇官还得找很多人搬运;三是清理废墟后,很多碎砖破瓦等垃圾运出京城同样很费事。

丁谓见路边临时搭的一个小木棚里,有个小姑娘在煮饭,趁饭还没煮熟,她又缝补起被火烧坏的衣服。丁谓想:"她倒真会利用时间呀!"忽然他若有所悟:办事情要达到高效率,就要时时处处统筹兼顾,巧妙安排好财力、物力、人力和时间。经过周密思考,他提出了一个科学的方案:先叫工人们在皇官前的大街上挖深沟,挖出来的泥土即做施工用的土,这样就不必再到郊外

去挖了。过了一些时候,施工用土充足了,而大街上也出现了一条宽阔的深沟。

"哗哗哗",忽然一股汹涌的河水,从汴河河堤的缺口中奔腾出来,涌向深沟,等汴河的水和深沟中的水平齐后,一只只竹排、木筏及装运建筑材料的小船缓缓地撑到皇宫前。丁谓站在深沟前捋着胡子笑了。是的,没费多大力气,就一举解决了两道难题。

一年后,宏伟的宫殿和玲珑的亭台楼阁修建一新。这一天,汴河河堤的缺口堵住了,深沟里的水排回汴河之中。待深沟干涸后,一车车、一担担瓦砾灰土填到了深沟之中,一条平坦宽阔的大路重又静静地躺在了皇宫前。

成 长 智 慧

在这个世界上,没有什么东西是没用的,只要能够做到合理安排,就能把所有的东西充分利用起来。办事情要达到高效率,就要时时处处统筹兼顾,充分地利用一切资源。

表里不一时,不要被外表所蒙骗

骗子总是穿着华丽的外衣。——舒曼

一次,在坝子的东街场,来了一个狡猾的卖刀人。他是专门卖傣族小伙子喜爱的那种长刀的。他在刀壳、刀柄上涂上彩色斑斓的油漆,系上一穗穗黄丝线,把刀的外表装饰得十分漂亮。

他对一群小伙子夸耀道:"我这种刀,刚性最好,砍石头就像切豆腐一样!"他砍一块瓦片,瓦片碎了,刀口一点不钝,其实,他只有这把刀是好的。小伙子们争相购买。卖刀人按住口袋说:"口袋里的刀和外面这把刀完全一样。5块钱一把,一手交钱,一手交货。挑挑拣拣的,这么多小姑娘看着不害羞?"

5个年轻人买了刀,他们到人少的地方一试,刀全坏了,原来刀子是用烂铁打成的。他们返回去找那个卖刀人,可他连影子都不见了。回到寨子,他们把这件事讲给很有智慧的艾西听,艾西答应帮助他们。

那个卖刀人在东街场吃到甜头,又在西街场出现了。他身边又围了一群小伙子。艾西背了满满一篓烟丝过来,偏偏挨着卖刀人叫卖。卖刀人瞟了一眼艾西篓里的上等烟丝,他说:"小伙子,想买长刀吗?"说着把摆着的刀拔出来给艾西看。

艾西瞄了瞄说:"是一把好刀。可惜我没有现钱,卖了烟叶再说吧!"

卖刀人脸上堆起笑容说:"小伙子,我把口袋里的六把长刀给你,你把这篓烟叶给我,干不干?"

艾西说:"我家里等着钱用,我要那么多刀干什么呢?刀我只要一把,其余折成钱给我,我才干!"

卖刀人想了想,说:"行。"他赶忙掏了25元钱给艾西,又把口袋伸过来,说:"你在里面抽一把刀吧!"

艾西说:"不,我就要外面这把。"

卖刀人说:"里面的新,外面的摸脏了——"

艾西打断他的话说:"你不是说里外一样吗?"

卖刀人看到这么多人望着他,连忙说:"一样的,完全一样的!"他只好将那唯一的好刀给了艾西。

卖刀人背着五六十斤烟丝,在途中一棵菩提树下休息。他从里面抓出一大把烟丝,刚往鼻子下送,就有一股臭味飘过来,他仔细一看,原来是干象粪,他急忙再掏一次,下面芭蕉叶包着的也全是这种东西。

艾西回到寨子,把钱平均分给5个年轻人,说:"表里常常不一。没有看清里面之前,千万别被漂亮的外表所蒙骗!"

成 长 智 慧

有些东西有漂亮的外表,却没有同样完美的内容,也就是所谓的表里不一。在看一样东西之前,不要被其漂亮的外表所蒙骗,很多东西当场试一试就知道真伪了。

激励讲究方法，才能发挥最大作用

激励别人，也是在激励自己。——培根

公元1040年（北宋仁宗康定元年）9月，党项羌（北部少数民族羌族的一支）的西夏王李元昊统兵大举侵犯宋朝。北宋命州判官（官职名）种世衡到边城宽州（今陕西延安东北）抵御西夏。

种世衡为了增加边防力量，激励当地百姓练习射箭，想出一个办法：用白花花的银子当箭靶！并规定：谁射中了，这银子就归谁。写有这项规定的公文，贴满了宽州城乡的大小街巷。

老百姓看完文书，议论纷纷："出了娘胎，也没听过这号新鲜事啊！"大伙都摩拳擦掌，跃跃欲试。

第一天试射，宽州军营大操场内，挟弓带箭前来的参加者如潮如云，不少僧人、道人、妇女都踊跃前来射箭。一天下来，种世衡没有食言，将银靶奖给了射中者。

这样一开场，宽州百姓争相练习射箭。大家技术越来越高，射中的人也越来越多。

种世衡灵机一动，又把银靶的面积缩小、厚度加大，而总重量仍然不变。这么一个小小的改动，使射中的难度加大了，人们的射击技术也相应提高了。每次比赛射箭，都成了宽州最热闹的日子。

看着大伙儿练习射箭的热情高涨，种世衡又做出了一项新规定：分派徭役时也要射箭，射中者可以减免徭役或分配轻活；人们犯了法也要射箭，射中者可以减轻罪责，有的甚至免罪释放。

　　自从种世衡这些做法推广后，宽州百姓人人善射，边防力量大大增强。在以后抵御西夏入侵的日子里，这儿的男女老少大显神威，射得西夏人心惊胆战，抱头鼠窜。

成 长 智 慧

　　激励别人的办法有很多，但不外乎分精神激励和物质激励两种，这两种方法各有各的妙处。在某些特殊情况下，把两种方法结合起来，才能最有效地发挥激励的作用。

安逸是成功的弃儿，冒险是成功的宠儿

我们不论做什么，都是一种冒险。——梅洛庞蒂

生物学家达尔文的巨著《物种起源》和他提出的"物竞天择"的生物进化理论，对于人类文明的进程起着重要的推动作用，它们不仅影响着生物科学研究，而且影响着人类的思维习惯。如果不是达尔文敢走别人没有走过的路，就不会有这部震撼世界的著作和这个影响世界的理论。

要走一条别人没有走过的路，并不是说一说那么简单，它需要你付出极大的勇气和艰辛的劳动。达尔文的成功就充分证明了这一点。

小时候，达尔文特别好奇。上学以后，达尔文对那些陈旧的课程不感兴趣，他喜欢读课外书，尤其是那些和生物有关的课外书。父亲看他留在中学不会有什么前途，就送他去爱丁堡大学学医。

在这座"医学博士的摇篮"里，达尔文仍然感到学业索然无味。于是，他走进图书馆，如饥似渴地读起一本本生物学书籍。闲暇时间，他便来到爱丁堡海滨，和渔民一道下海捕鱼捞虾，捉牡蛎，制作标本。老达尔文知道让儿子继承自己的事业是没有指望了，只好让他改学神学，以保证他将来有一个比较稳定的收入。这样，达尔文遵照父命又来到了剑桥大学基督学院。

根据父亲的安排，达尔文本来应该成为一名牧师，可是，由于不断地冒险，达尔文给自己创造了进军生物领域的机会。他自学了西班牙语，并且跟着一支地质考察队做野外考察，这在当时已经被人们看成是冒险行为了。为了检验一下自己的胆量和独立工作的能力，达尔文还一个人穿越了荒无人烟的斯诺登山区。

在多次冒险后，他终于获得了一次环球旅行考察的好机会。航行开始后，达尔文便迫不及待地投入了工作。他在船尾设置了一张大网，用来考察水生生物。他把捕捉到的动物逐个鉴定，然后登记造册，有的还做了解剖，画成了解剖图。轮船每到一地，达尔文就登陆考察，当地的地质结构、风土人情、生物种类等情况在达尔文厚厚的笔记本上都有详细的记录。1832年，达尔文终于登上了令他神往已久的南美土地。在这块热带土地上，他考察了整整3年，得到了许多书本上没有的知识和标本。他明白了为什么鸵鸟都是集体下蛋，而不各下各的；他看到了火山喷发和已经灭绝的动物遗骨；他登上了南美最南端的火地岛，看到了生活在那里的原始人……

离家5年以后，达尔文终于回到了阔别已久的故乡，带回了几百万字的考察笔记和数不清的生物标本。

达尔文绕地球一周，到处都留下了他的足迹。他走过了许多别人没有到过的地方，吃了别人没有吃过的苦。他一上船就开始晕船，一个劲儿地呕吐，有时只能让大家把他搀扶回舱房休息。船上的条件是相当艰苦的，只有面包和南瓜、豌豆，很难见到牛肉。

艰难坎坷没有使达尔文退却，他仍然一如既往地走自己的路，尽管这条路上随时都有可能遇到困难、阻挡,甚至会有死神的威胁。在远航考察的过程中,船上先后有3个人染上热病死了,但达尔文却没有被吓倒,他思考的不是自己的生命问题,而是如何才能考察到更罕见、更奇特的生物。

用了整整5年的时间,达尔文的冒险换来了成功的喜悦,《物种起源》一书终于诞生了。无疑,这是一条艰难的成功之路,它需要勇气,需要"敢为天下先"的精神。

成长智慧

有句话叫"富贵险中求",这话很有道理。虽然我们不赞同盲目地冒险,但我们的的确确需要一种冒险精神。因为安于现状、不思进取是永远不会前进的,成功的机遇更青睐敢于冒险的人。

纵容自己的错误,结果就是作茧自缚

纵容自己就是在自杀。——纳·科顿

史莱克一直以拾荒为生。不久前他遇到了一只没有人要的狗,史莱克收留了它。史莱克每天拾荒所得的收入连自己的温饱都难以解决,流浪狗的食量又大得惊人,所以流浪狗很多时候都饿着肚子。多数时候它都自己去外面觅食,甚至有些时候会给史莱克带回来一些食物。

有一天,史莱克产生了这样一个想法:不如将这只流浪狗训练成会拾荒的狗,如果是这样的话,那么史莱克以后便不用外出拾荒了,他只需要在家里将流浪狗拾回来的东西按类别分好,再送到废品收购站就行了。打定主意的史莱克开始训练流浪狗外出拾荒。史莱克每天都会让狗衔一些废纸、废电线、烂刀叉回来,然后将面包和牛奶都奖励给狗,哪怕是自己饿着。

这只流浪狗终于在史莱克的重奖之下学会了往家里拾废品,史莱克接过流浪狗第一次衔回家的一小卷铁丝时,他激动地抱着狗哭了。当然,史莱克没有忘记用更多的牛奶和面包奖励流浪狗。

从此,流浪狗每天都会往家里衔东西,有时是一块纸皮,有时是一只皮鞋……史莱克每天坐在家里都有不菲的收入,而史莱克给流浪狗的奖励品,也由牛奶和面包变成了汉堡包。得到了奖励的流浪狗也更加卖力了,刚开始时,它在路边、街道的垃圾箱里四处捡,后来它便钻进别人的家里偷,只要衔得动的东西它统统带回来。史莱克可不管它是捡的还是偷的,只要能卖到钱,他便高兴,当然,他从来没有忘记给狗更多更好的奖励。只是苦了周围的邻居,他们纷纷向街道管理处投诉,可是史莱克根本就不听,并且还将那只流浪狗带回来的其他流浪狗都养起来为他赚钱。

可是有一天,当史莱克醒来的时候发现,他自己被废电线、废布条等废品紧紧地缠住了,他挣扎着想爬起来,可是房子的空间太小,堆积的废品太多,加上流浪狗昨天晚上不知从哪里带来了一大群流浪狗,一个晚上就给他衔来很多废品,现在被废品缠住的史莱克根本就动弹不了。

史莱克大声地求救,可是,邻居们在不久前因为不堪流浪狗的骚扰都搬走了。这里只有他一个人和这群流浪狗了,而狗是不会理会他的。一连几天,史莱克被困在自己的小屋里动弹不得,那些流浪狗却继续往他的小屋里衔废品。终于有一天,一个过路人救了史莱克。

此后的史莱克不得不四处流浪,因为那些流浪狗总想找到他,并想继续以废品换取食物。

成 长 智 慧

对于明知是错误的事情,我们应该及时制止,不要纵容自己继续犯错。纵容自己的错误的结果只能是作茧自缚。同时,我们也不该纵容别人一味地犯错,致使被纵容的一方最后闯下大祸而不自知,我们不止成了帮凶,有时还会伤害到自己。

授人以渔，不如授人以欲

名人名言

我宁可做人类中有梦想和有完成梦想的愿望的、最渺小的人，而不愿意做一个最伟大的、无梦想、无愿望的人。——纪伯伦

有一个工人，在工厂里干粗活，他挣的工资不多，也就600多元。他的妻子下岗后，自己买了台小型豆汁机，在闹市街头卖豆汁，一天也就挣个十块八块的。夫妻俩没钱买楼房，带着女儿住在低矮的破瓦房里，他们省吃俭用，一个月的收入勉强能够维持一家人的生活。

离他们家不远，刚建成一家文具超市。每个星期天，这位工人师傅都要领着女儿到这家文具超市里转一圈。文具超市里的商品琳琅满目，件件都非常精美，但价格不菲。女儿站在文具架前，爱不释手地抚摸着那些文具，脸上总是露出非常渴望的神情。这位工人师傅头几次带女儿来文具超市，售货员以为他们在为购买哪款文具而犹豫不定、取舍不决。但是，当她热情地向他们讲解，推荐某一款文具时，父女俩总是微笑着不置可否。售货员深感困惑，随后摇摇头走开了，任由他们在那里观看。这家文具超市开业几个月以来，这位工人师傅已记不清带着女儿来过多少次了，可是，他从来没有为女儿买过一件文具。

离他们家不远，还有一家本市最豪华的星级大酒店。这位工

人师傅也经常带女儿到大酒店里玩耍。他的女儿特别喜欢坐在那些宽大的沙发上,小心翼翼地感受它们的柔软、舒适与华贵。有时候,她还趴在沙发扶手上,专心致志地看那些服务生热情地招呼客人,为客人们提供各种周到的服务;或者观看服务生靠在柜台边,一丝不苟地磨咖啡。

一次,酒店的一名服务生终于忍不住了,很好奇而又不失礼貌地问这名工人师傅:"您不消费,却为何总带女儿来这里呢?"工人师傅笑了笑,对服务生说:"你问得很好,我们虽然没钱在这里消费,但是,我想让孩子知道世上有那么多的美好和富足等着自己去努力,去追求……我想给孩子一个梦想,然后让她自己去实现这个梦想。"

成长智慧

授人以鱼,不如授人以渔。著名作家刘克川却把这句话做了一个扩展:授人以渔,不如授人以欲。如果只懂得享用果实,慢慢地我们会不知道自己想要什么,我们只有先有梦想,知道我们想拥有什么,才会有追求梦想的心。

出色表现的背后,往往是不为人知的辛劳

无论头上是怎样的天空,我准备承受任何风暴。——拜伦

林琳是一个中国女孩,她年轻、漂亮、聪明。在达特茅斯大学经济系度过了四年的留学生活后,经过紧张的面试,她如愿加入了全世界两大投资银行中的摩根士丹利银行,得到了一份高薪工作。

林琳的工作做得很好,得到了上司、同事和客户的一致赞扬。作为办公室里唯一的中国人,她被所有美国人都接受和喜欢,并且她所在的部门竟以她为榜样又陆续雇用了很多中国人。与几个美国同事做了一整年的英国石油和美国阿莫科石油公司的合并项目,也使她倍感满足且具有成就感。因为,那是全世界五大合并项目之一。

出色的工作为她带来了丰厚的回报:她可以在全世界一流的公司获得难得的工作经验,也可以和全球最有权势、最优秀的商业巨头打交道,更可以随意买下昂贵的名牌服装,还可随意出入世界各地的高级场所。她拥有的是一份令人羡慕的工作,她过的是小资的生活,然而这只是硬币的一面——光鲜的一面,出色表现的背后其实是不为人知的辛劳。

在纽约的两年,林琳生活中除了工作便再也没有其他内容了。

回想起在纽约工作的两年,她用"疯狂"这个词来形容自己。她特意把住所安排在离公司很近的地方,走路两三分钟就能到。刚开始的半年多时间,她经常是通宵工作之后回家洗个澡换身衣服,然后继续回去上班,她每天平均只睡两三个小时。白天累极了她就趴在桌子上小睡十分钟,然后又盯着计算机继续工作,参加小组会议,与客户见面。长时间的用眼过度使她的一只眼睛严重发炎,肿得像个红灯笼,她就包起那只眼睛,让另一只眼独自承担观察财经风云瞬息万变的任务……

成 长 智 慧

付出和所得永远都是成正比的,要想得到丰厚的回报,就需要我们付出更多的劳动,迎接更大的挑战。一个出色的人,其风光的背后往往是不为人知的辛劳。一个人应该风光一些,但也要注意休息,要学会享受生活。

做事要全身心投入,表现出你的专注和热忱

名人名言

在这个并非尽善尽美的世界上,勤奋会得到报偿,而游手好闲则要受到惩罚——毛姆

乔伊·柯斯曼出身贫寒,第二次世界大战后,他从军中退役,在宾州匹兹堡一家出口公司工作。他不是大学毕业生,又没有什么专业技能,所以每周只能挣到 35 美元的薪水。

他急着想自己做生意。每天晚餐后,他就在厨房的桌子上,写信和至交联络。在一年的时间里,他发出了几百封信,但是由于地址错误,全都投递无门,这就耗尽了他所有的空闲时间。

有一天,他在《纽约时报》上看到一则卖洗衣肥皂的广告,这类肥皂当时还很稀少,他以电话证实了这项广告后,又开始给国外的至交写信。

几个星期以后,银行通知他,有一封 18 万美元的信用状给他。这表示只要他能将肥皂运上船,这张信用状就可以兑现。信用状的有效期只有 30 天,假若他在 30 天内不能将肥皂装上船,信用状就作废。

肥皂批发商告诉柯斯曼洗衣肥皂在纽约有货,他所要做的只是到纽约去安排肥皂装船事宜,当然还要处理一些财务上的问题。柯斯曼找到他的老板,想向他请几个星期的假,但老板不准。柯

斯曼只得找一些在匹兹堡的朋友，问谁愿意到纽约去办这件事，就可得到这项交易的一半利润，但是没有一个人愿意去。

柯斯曼毫无办法，他只好又去找老板，声明假如不准他假的话，他就辞职，老板只好让步。柯斯曼和妻子在银行里只有300美元存款，但妻子尊重理解他，她对他有信心。于是，他们取出这仅有的300美元存款，让柯斯曼带去纽约。

住进旅馆以后，柯斯曼又打电话找批发商。结果电话号码弄错了，那个批发商也就找不到了，但柯斯曼仍然坚持不放弃。

他到图书馆找到一份肥皂公司的名录，回到旅馆后，他挨个公司打电话问，仅电话费就用了80多美元，皇天不负有心人，最后他打听到一家阿拉巴马的肥皂公司有这种肥皂，但必须由他自己去阿拉巴马提货。

柯斯曼找遍了纽约所有的货运公司，终于找到了一家以赊账方式来为他运3000箱肥皂的公司。这时候他又有了另一个麻烦，30天的时间已被浪费了很多，他是否还有时间将肥皂运到纽约再装上船？

但柯斯曼仍显出对目标的专注。那些借钱给他的人都说，在他身上似乎有着某种东西使他们相信他会成功，所以他们都愿意将钱借给他。

他将肥皂运到纽约后，只剩下不到一天的装船时间了。柯斯曼亲自动手帮忙装船，他们整整工作了一夜，到第二天中午，事情非常明显，他们在银行关门以前无法装船完毕。在银行关门前不到一个小时，柯斯曼只得离开装货码头，前去找轮船公司的总裁。

后来柯斯曼告诉朋友说:"当时我已经一星期没洗澡了,由于帮忙将肥皂装船,又整夜没有睡。我满脸胡子,早饭钱还是向货车司机借的。肥皂公司的人追着我要肥皂的货款,货车公司也催我还钱。旅馆等着我要钱,但不知道我的去向。甚至连我妻子也不知道我的下落。我的外表仿佛也需要用一箱肥皂来清洗。"就在这种情形下,他去到轮船公司总裁的办公室,向总裁说出事情的全部经过。这位总裁注视着他说:"柯斯曼,事情已做到这种程度,你不会失去这笔生意了。"说着总裁交给柯斯曼一张装货凭单——虽然肥皂未装完。这表示轮船公司愿意负责,要是货装不够,要由轮船公司赔偿损失。总裁派人将柯斯曼送到银行去。

这项交易的成功,使柯斯曼赚了3万美元,这对一个周薪35美元的人来说,可以说是相当好了。

成 | 长 | 智 | 慧

无论做什么事都要全身心投入,表现出自己的专注和热忱,不轻言放弃,因为这种精神能使我们具备一种领袖气质,影响和感染每一个和我们打交道的人。这样做起事来,就很容易成功。

结束语

我们的学习、生活、事业都要经历各种各样的挑战,但正是这些挑战让我们更成熟、更从容地走向成功。当挑战来临的时候,千万不要害怕,要给自己下死命令:必须面对,不能逃避,只许成功,不许失败。凭着自己坚定的意志和决心,凭着自己时时刻刻的努力,就能够战胜一切困难。

我们面前的火焰山不可怕,可怕的是没有勇气去闯荡,放弃努力去跨越。

只有那些历经磨难、经受过千辛万苦的人,才能取得辉煌的成就。正所谓"逆境出人才"。很多人在逆境面前退却了,虽说生活还算平顺,但最终只能成为一般人。当一个人面对绝境时,要有永不退缩的勇气和气概,那么就一定能化险为夷,并能成就大事。努力到无能为力,拼搏到感动自己,未来的你,一定会感谢现在努力拼搏的自己!